Klaus Steiniger

ANGELA DAVIS

Eine Frau schreibt Geschichte

MIT EINEM VORWORT VON
ANGELA DAVIS

neues leben

ANGELA
DAVIS

ZUEIGNUNG

Dieses Buch ist einem beherzten Mann des anderen Amerika gewidmet: Robert (Bob) Seidel aus San José setzte sich als Geschworener im Prozess gegen Angela Davis furchtlos für die Wahrheit ein.

INHALT

VORWORT

Während der letzten Jahre bemerkte ich, dass ich mich mehr und mehr mit der Zeit der frühen Siebziger beschäftigte, als ich mich wegen der mir vorgeworfenen Kapitalverbrechen Mord, Menschenraub und Verschwörung in Untersuchungshaft befand. Nicht weil ich es für notwendig erachte, persönlich an diesen Erinnerungen festzuhalten. Zwar war es ein aufregender, überwältigender und oftmals beängstigender Abschnitt meines Lebens, und ich möchte jene Zeiten so lebendig wie möglich im Gedächtnis behalten. Aber vor allem will ich in der derzeitigen Epoche des globalen Krieges gegen »Terror«, der konservativen Anstrengungen, den zerfallenen Wohlfahrtsstaat wieder ins Gleichgewicht zu bringen, des alles durchdringenden Rassismus im Erziehungswesen und im Gefängnissystem betonen, dass in meinem Fall eine gewaltige internationale Massenbewegung unwiderruflich über den Staat triumphiert hat. Wenn ich im Jahr 2009 an die Geschichte meines Prozesses und an die Kampagne denke, die uns zu einem siegreichen Abschluss führte, geht es mir nicht in erster Linie um meine Geschichte, sondern um die Möglichkeiten kollektiver, grenzüberschreitender Solidarität.

Heute sind die Auswirkungen des globalen Kapitalismus auf die Menschen weitaus gewaltiger als alles, was wir uns damals – selbst in unseren leidenschaftlichsten Anstrengungen gegen die Macht des Kapitals – vorstellen konnten. Wir hielten die Gegenwart für etwas Änder- und Umwandelbares. Auch heute müssen wir imstande sein, sie uns als wandelbar vorzustellen. Wir müssen unser kollektives Vertrauen in eine Zukunft setzen, die von den Gemeinschaften des Kampfes geschmiedet wird – von Arbeitern, Studenten, Künstlern, Gefangenen, mit

Menschen von unterschiedlichem rassischen, ethnischen und nationalen Hintergrund.

In Anbetracht dessen freut es mich sehr, dass Klaus Steinigers erhellender Bericht über den Prozess und die Bewegung rund um meinen Fall erneut veröffentlicht wird. Und es ist mir eine große Ehre, ein paar einleitende Worte zu dem Buch »Angela Davis. Eine Frau schreibt Geschichte« beizusteuern.

Die beeindruckende Aktion »Freiheit für Angela Davis« in der DDR hat mich in jenen Tagen besonders bewegt. Ich wusste von meinen Genossen in der Führung der Kommunistischen Partei und von Menschen, die mit Klaus Steiniger und Horst Schäfer gesprochen hatten, dass unsere Genossen in der DDR eine entschiedene Kampagne mit der Forderung nach Freiheit für mich führten. Als Sonderkorrespondent, den das »Neue Deutschland« entsandt hatte, nahm Klaus Steiniger am Prozess in San José teil und berichtete auch über die Kampagne, die in der ganzen Welt immer mehr Anhänger fand.

Es berührte mich mehr, als ich es mir je hätte vorstellen können, als ich die wahren Ausmaße dieser Aktion erfuhr. Wie Sie dem Buch entnehmen werden, befand ich mich zu jener Zeit in Untersuchungshaft in einem Gefängnis Kaliforniens. Man berichtete mir, welche Ausmaße die Bewegung in der DDR angenommen hatte. Ich war damals in der dritten Haftanstalt seit meiner Festnahme. Zunächst hielt man mich im New Yorker Frauengefängnis fest, dann, nach der Auslieferung an den Staat Kalifornien, im Gefängnis des Marin County und schließlich in einer Einrichtung in Palo Alto, nicht weit von San José, wo der Prozess stattfand.

Es war eine kalte, feuchte Zelle, und ich erinnere mich an ihr durchdringendes Grau – sowohl der Farbe als auch der Wirkung nach. Die Zelle war für zwei Gefangene bestimmt, ich konnte die obere und die untere Koje benutzen, weil ich in Einzelhaft gehalten wurde. Da es sich um eine Haftanstalt handelte, in der die Gefangenen übergangsweise festgehalten wurden, gab es dort keine Aufenthaltsräume, keine offenen Korridore oder andere Plätze, wo man sich hätte bewegen, ein paar Schritte gehen, etwas Sport treiben oder mit anderen Insassen zusammen sein können. Es existierte nicht einmal ein Besucherraum. Mit anderen Worten: Die Anstalt erzeugte extreme Klaustrophobie. Mitglieder des Nationalen Vereinigten Komitees für die Befreiung von Angela Davis und aller politischen Gefangenen protestierten gegen diese Haftbedingungen. Das führte dazu, dass mir die Gefängnisaufseher den Zugang zu einer angrenzenden Gummizelle gestatteten. Dieser Ort wurde von den Beamten – ohne einen Anflug von Ironie – als »Suite« bezeichnet. Aber ich muss zugeben, ich schätzte den Extraraum, auch wenn ich besorgt sah, dass das Loch in der Mitte des Fußbodens, das den Inhaftierten vor mir als Toilette gedient hatte, überfließen konnte und meine Bücher nass werden konnten.

In diese Zelle brachte mir einer der diensthabenden Wärter täglich meine Post, die ich immer ungeduldig erwartete. Gewöhnlich verwandte ich mehrere Stunden am Tag auf die Korrespondenz. Zu Beginn meiner Haft war es mir möglich, jeden Brief zu beantworten, aber als die Bewegung dann stärker wurde, hatte der Tag nicht mehr genug Stunden, um den wachsenden Stapel von Briefen zu bearbeiten. Ich bemühte mich, sie alle zu lesen, und versuchte, wenigstens all den Kindern und anderen Gefangenen, die mir ihre Botschaften schickten, zurückzuschreiben. Eines Tages, als ich meine Post durchging, bemerkte ich, dass ich viele Karten mit Solidaritätsbotschaften aus der DDR erhielt. »Freiheit für Angela!« stand da, und es schien mir, als seien sie von Kindern geschrieben worden. Die Postkarten waren mit roten Rosen geschmückt, jede anders gezeichnet und Ausdruck der Kreativität jedes einzelnen Kindes, das sie mir geschickt hatte. Ich weiß noch, wie reizend ich es fand, dass mir die Kinder aus der DDR Rosen sandten, die niemals verwelken würden.

Anfangs konnte ich jede der 15 bis 20 eintreffenden Karten in Augenschein nehmen, jeden Tag kamen mehr, dann 100, dann 500, und schließlich erreichten mich die Karten der Kinder so zahlreich, dass sie mir in großen Säcken des U.S. Post Office zugestellt wurden. Zunächst las und genoss ich jede einzelne und versuchte mir vorzustellen, wie das Kind wohl sein mochte, das mir die Karte geschrieben hatte. Doch dann war es ein solches Übermaß an Karten, dass die Zeit nicht ausreichte, sich mit jeder einzelnen zu beschäftigen, so sehr ich das gewollt hätte. Hunderte, Tausende, dann Zehntausende, ja eine Million herrlicher Rosen! »Eine Million Rosen für Angela.« Schließlich waren so viele Karten eingetroffen, dass sie an einen anderen Ort gebracht werden mussten. Heute werden sie in den Archiven der Stanford-Universität in Palo Alto aufbewahrt, nicht weit von jenem Gefängnis, in dem ich saß, als die Postkarten eintrafen. Wenn ich heute an die internationale Kampagne für meine Freiheit zurückdenke, kommt mir die Million Rosen der Schulkinder aus der DDR zuallererst in den Sinn.

Nun, fast 40 Jahre später, bin ich vielen deutschen Frauen und Männern begegnet, die mir berichteten, sie hätten als Kinder rosengeschmückte Postkarten in das Gefängnis geschickt, in dem ich festgehalten wurde. 2003 etwa besuchte ich Berlin anlässlich der Beisetzung der Asche Herbert Marcuses auf dem Dorotheenstädtischen Friedhof. Während meines Aufenthalts in der Stadt erzählten mir viele Menschen, sie hätten als Kinder an der Kampagne »Eine Million Rosen« mitgewirkt. 2005 lud man mich ein, auf der jährlichen Rosa-Luxemburg-Konferenz der »jungen Welt« zu sprechen. Ich nahm gemeinsam mit meinen Freunden Horst und Itte Schäfer an der Veranstaltung teil. Auch während dieses Besuchs traf ich auf Leute, die als Kinder Postkarten geschrieben hatten und stolz darauf waren, dass diese politische Geste in ihrer Jugend eine wichtige Rolle gespielt hat.

Unlängst hielt ich Vorlesungen an einer Reihe von Universitäten in verschiedenen Gegenden quer durch die USA. Deutsche Emigranten ließen mich wissen, auch sie hätten an der Kampagne »Eine Million Rosen« teilgenommen. Ich habe Erwachsene überall auf der Welt getroffen, die voller nostalgischer Freude strahlten, als sie mir von ihrer Kindheitserinnerung berichteten, in der Schule eine Postkarte für mich gestaltet zu haben. Jedes

Mal, wenn ich einem dieser Million Kinder von einst begegne, wird mir bewusst, wie wichtig es ist, die historische Erinnerung an das zu bewahren, was die sozialistischen Länder erreichen konnten. In der Tat verdanke ich meine Freiheit jenen Kampagnen, die von den Regierungen der sozialistischen Länder unterstützt wurden – von der DDR über die UdSSR bis Kuba – und von den kommunistischen Parteien in der ganzen Welt. Aber darüber hinaus täten wir gut daran, uns auf die Errungenschaften der sozialistischen Gemeinschaft der Nationen zu besinnen, wenn wir versuchen, das Eindringen kapitalistischer Interessen in die intimsten Sphären unseres Lebens abzuwehren, und hier, in den USA, für grundlegende Rechte kämpfen.

Abschließend möchte ich Klaus Steiniger meine tiefe Dankbarkeit für sein Lebenswerk und seinen Einsatz für die Sache der Freiheit ausdrücken. Ich bin sehr glücklich, dass er als Journalist und Anwalt für weltweite Gerechtigkeit auch mich unterstützt hat. Ich hoffe, dass die Wiederveröffentlichung dieses Buches viele Leser an einen wertvollen Beitrag zur Humanität und Solidarität erinnert.

ANGELA DAVIS NOVEMBER 2009

VORBEMERKUNG

Am 28. Februar 1972 begann vor dem Höheren Bezirksgericht des Santa Clara County[1] in San José (Kalifornien) unter außergewöhnlichen Sicherheitsvorkehrungen und nach einer intensiven Pressekampagne, in deren Verlauf die »Schuld« der Angeklagten bereits »umfassend nachgewiesen« worden war, der von langer Hand vorbereitete Schauprozess gegen eine kluge und attraktive junge Frau: die afroamerikanische Kommunistin Angela Yvonne Davis. Der damals achtundzwanzigjährigen Diplomphilosophin und Hochschullehrerin wurden wegen angeblicher Verstrickung in einen am 7. August 1970 erfolgten Überfall auf das Justizgebäude des bei San Francisco gelegenen Marin County drei kapitale Verbrechen zur Last gelegt: Menschenraub, Mord und Verschwörung. Von Beginn an bestand jedoch kein Zweifel daran, dass die an den fraglichen Ereignissen unbeteiligte Bürgerrechtskämpferin das Opfer eines politischen Komplotts werden sollte, das sich vor allem gegen die Kommunistische Partei der USA richtete. Unter den Regisseuren der makabren Inszenierung befanden sich der damalige Chef des Bundesuntersuchungsamts FBI, J. Edgar Hoover, und der seinerzeitige Gouverneur des US-Bundesstaats Kalifornien, Ronald Reagan. Für die Rettung von Angela Davis formierte sich eine internationale Solidaritätsbewegung von selten gekannter Breite. Millionen Menschen in aller Welt schlossen sich ihr an. Allein die Schulkinder der DDR sandten der mit dem Tod in der Gaskammer bedrohten und 16 Monate in Untersuchungshaft gehaltenen Revolutionärin eine Million selbstgemalter Rosen in das Gefängnis.

Unter dem Eindruck dieser mächtigen Kampagne, an der sich in den USA Anhänger der verschiedensten Weltanschauungen und politischen Überzeugungen beteiligten, nahm der Schauprozess von San José einen von seinen Auftraggebern nicht erwarteten Verlauf. Aus dem Exempel, das an der jungen Afroamerikanerin statuiert werden sollte, wurde eine Niederlage der Klassen- und Rassenjustiz der Vereinigten Staaten. Der Zusammenbruch der Anklagekonstruktion, von der im Verlauf der Beweisaufnahme kein Stein auf dem anderen blieb, ließ den zwölf Geschworenen am Ende keine andere Wahl als das einstimmige Votum für Freispruch. Der Triumph im Gerichtssaal des Santa Clara County wurde zu einem Ereignis von historischer Tragweite.

Der Autor, der die dramatischen Vorgänge in San José als Sonderkorrespondent der Zeitung »Neues Deutschland« monatelang miterlebte, hat die wichtigsten Episoden des spannenden Geschehens um den Davis-Prozess mit protokollhafter Genauigkeit aufgezeichnet. Sein Bericht ist vor allem für die »Schulkinder« von damals und jene bestimmt, welche diese denkwürdige Klassenschlacht selbst noch nicht bewusst verfolgen konnten.

ANATOMIE EINES »FALLES«

Der 27. Februar 1972 war ein ruhiger und frostklarer Wintertag. Ich blickte aus dem Kabinenfenster der IL-62 auf das Puzzle aus Haufenwolken und Landschaftsfetzen hinab. Frankreich, der Kanal und Londons internationaler Flughafen Heathrow, wo die Linienmaschine der Aeroflot kurz zwischengelandet war, lagen bereits hinter uns, und die Passagiere richteten sich nun auf den Sechs-Stunden-Flug über den Atlantik ein. Meine Gedanken kreisten nur um ein einziges Thema: die große Kraftprobe zwischen Wahrheit und Lüge, die schon in wenigen Stunden im noch Tausende von Kilometern entfernten San José beginnen sollte. Mein Auftrag lautete, darüber zu berichten.

Der Ausbildung nach Jurist, hatte ich in früheren Jahren nicht selten in Gerichtssälen zu tun gehabt. Außerdem war ich durch die berufsbedingte Lektüre der wichtigsten US-Zeitungen und -Zeitschriften auf die vielschichtige amerikanische Wirklichkeit illusionslos eingestellt. Und schließlich kannte ich alle an die Öffentlichkeit gedrungenen Informationen zum »Fall Angela Davis«, den die bürgerlichen Massenmedien der Vereinigten Staaten schon seit Monaten als das »Strafverfahren des Jahrhunderts« ankündigten. So war ich auf das, was mich erwartete, einigermaßen vorbereitet.

Nachdem ich mich in eine der Wolldecken gewickelt hatte, die von den Stewardessen verteilt worden waren, nahm ich die Mappe mit den in vielen Monaten zusammengetragenen Pressemeldungen, Artikeln und Aufzeichnungen zur Hand, um mich noch einmal in das umfangreiche Material zu vertiefen.

Mehr als ein Jahr vor jenem Ereignis, welches man als Vorwand für Fahndung, Festnahme und Anklageerhebung gegen Angela Davis benutzt hatte, war ich in der New Yorker »Daily

World« auf Berichte gestoßen, die eine US-Variante der Berufsverbote bloßlegten. Dort hieß es, eine talentierte Nachwuchswissenschaftlerin, die nach ihrem Studium von der University of California – Los Angeles (UCLA) als Philosophiedozentin eingestellt worden sei, müsse jetzt mit ihrer Entlassung rechnen. Der Grund: Die Aufsichtsbehörde der Hochschule habe in Erfahrung gebracht, dass sie der Kommunistischen Partei angehöre. Die Maßregelung sei in den USA auf heftigen Widerstand gestoßen.

Erst nach und nach wurden weitere Einzelheiten bekannt. Am 9. Mai 1969 hatte Angela Davis – denn um sie handelte es sich – einen Einjahresvertrag mit der UCLA abgeschlossen, durch den ihr für das im Herbst beginnende Semester mehrere Lehrveranstaltungen zu Themen der klassischen deutschen Philosophie übertragen worden waren. Noch bevor sie jedoch ihre Dozententätigkeit aufnehmen konnte, meldete sich der in die KP eingeschleuste FBI-Agent William Divale zu Wort. Er veröffentlichte in der Universitätszeitung einen Beitrag, der die Behauptung enthielt, unlängst sei an der Philosophischen Fakultät eine Kommunistin eingestellt worden.

Schon eine Woche später wurde man deutlicher. Der »San Francisco Examiner«, ein Blatt des Zeitungs- und Industriemagnaten Randolph Hearst jr., nannte Angela Davis beim Namen und unterstellte ihr »terroristische Ambitionen«. Nach der gezielten Denunziation sah sich der von Gouverneur Reagan eingesetzte Treuhänderrat der UCLA im Juli »dazu gezwungen«, das »aufgeworfene Problem« zu behandeln. Diesem Gremium gehörten unter anderen Reagans persönlicher Anwalt, der spätere US-Justizminister William French Smith, und die damalige Ehefrau des Pressezaren Hearst an. Die Treuhänder beauftragten den widerstrebenden Universitätskanzler Charles Young mit einer sofortigen Überprüfung der Angelegenheit.

Angela Davis, am 5. September um eine Stellungnahme ersucht, machte kein Hehl aus ihrer politischen Überzeugung. »Ich habe meine Mitgliedschaft in der KP der USA vor Ihnen nicht zu rechtfertigen«, schrieb sie an Young.

Die Entwicklung zur Marxistin war für Angela Davis keineswegs konfliktlos verlaufen. Als eines von vier Kindern einer afroamerikanischen Lehrerfamilie aus Birmingham in Alabama – der Vater gab später seinen Beruf auf und pachtete eine Tankstelle, während die Mutter weiterhin unterrichtete – hatte sie eine materiell recht unbeschwerte Kindheit verlebt. Behütet konnten junge Schwarze im Machtbereich des Ku-Klux-Klan allerdings nicht aufwachsen. Die Davis-Familie wohnte in einem Viertel, das Anfang der sechziger Jahre wegen nicht abreißender Sprengstoffanschläge – es ereigneten sich dort allein über 40 Attentate auf Wohnungen und Autos von Bürgerrechtskämpfern – als »Dynamite Hill« bezeichnet wurde. Und bei jener schrecklichen Bluttat, bei der an einem Sonntagmorgen im September 1963 eine Bombe vier junge Mädchen in der Baptistenkirche in der 16th Street Birminghams zerriss, waren die Opfer aus dem Kreis der Freunde und Bekannten von Angela Davis.

Durch außergewöhnliche Begabung und gute Leistungen aufgefallen, hatte Angela Davis auf Empfehlung ihrer Schule ein Stipendium der New Yorker Irvin High School erhalten und kam während ihres mehrjährigen Aufenthaltes an der US-Ostküste zum ersten Mal mit jungen Kommunisten in Berührung, die sich in der marxistischen Jugendgruppe Advance zusammengetan hatten. Sie schloss sich ihnen an und nahm, nun bereits Stipendiatin der Brandeis University in Waltham (Massachusetts), 1962 am Weltjugendfestival in Helsinki teil. In die USA zurückgekehrt, wurde sie vom FBI eingehend verhört.

In der folgenden Zeit verlor die junge Afroamerikanerin, die sich vor allem auf ihre Studien in Französisch und Philosophie konzentrierte, welche sie später an der Pariser Sorbonne fortsetzte, zunächst den ständigen Kontakt zur fortschrittlichen Bewegung ihres Landes. Schon in Waltham war sie Prof. Herbert Marcuse begegnet, der sich lebhaft für die talentierte Studentin interessierte und auf Jahre hinaus ihre Entwicklung beeinflusste.

Auf Empfehlung dieses Philosophen der sogenannten Neuen Linken, der sich erbot, Angelas weitere akademische Laufbahn zu fördern, ging die Brandeis-Absolventin zu Ergänzungsstudien für ein Jahr an die Johann Wolfgang Goethe-Universität in Frankfurt am Main. Am Institut gruppierten sich damals die verschiedensten »linken« Kräfte. Im von Rudi Dutschke geleiteten Sozialistischen Deutschen Studentenbund (SDS), mit dessen Frankfurter Organisation Angela Davis zusammenarbeitete, gab es mehrere Strömungen, darunter auch einen marxistisch orientierten Flügel.

Als die junge Philosophin 1967 in die Vereinigten Staaten zurückkehrte, hatte die afroamerikanische Befreiungsbewegung einen bis dahin beispiellosen Aufschwung genommen. Doch nicht aller Radikalismus, der sich explosiv entlud, beruhte auf wirklich umwälzenden Ideen. Angela machte sich gründlich mit dem Black Power Movement – der schwarzen Befreiungsbewegung – vertraut, das neben konsequenten Bürgerrechtskämpfern nicht wenige buntschillernde Eintagsfliegen wie Eldridge Cleaver, Stokely Carmichael und Ron Karenga hervorgebracht hatte. Noch immer von den Ideen Marcuses und anderen ultralinken Vorstellungen beeinflusst, hatte sie Mühe, den Standpunkt der KP der USA, die den Klassenaspekt der Befreiung unterdrückter Minderheiten in den Vordergrund rückte, zu erfassen. Wie viele Anhänger der Black Panther Party, in der Angela zeitweilig mitarbeitete, war sie zunächst der Meinung, die Kommunisten unterschätzten »die nationale und rassistische Dimension der Unterdrückung der Schwarzen«. Deren »zu konservatives Denken«, meinte sie, veranlasse die KP zu einer »unkritischen Haltung gegenüber der weitgehend systemintegrierten weißen Arbeiterklasse«.

Ein ganzes Jahr verging noch, ehe die beharrlich Suchende ihren Weg fand. Besonders war es das erneute Studium von Werken der Klassiker des Marxismus-Leninismus, das die Erkenntnis in ihr reifen ließ, nur eine starke revolutionäre Partei sei letztlich zur Führung und Zusammenfassung der vorerst zersplitterten antikapitalistischen Kräfte in den USA befähigt.

Nach gründlicher Überlegung folgte Angela Davis im Juli 1968 der Aufforderung Charlene Mitchells, der Partei beizutreten. Diese überragende afroamerikanische Kommunistin, die im selben Jahr von der KP der USA als Kandidatin für die Präsidentschaft der Vereinigten Staaten aufgestellt wurde, beeinflusste entscheidend die weitere Entwicklung des schwarzen Mädchens aus Birmingham. Angela wurde in den Che-Lumumba Club, wie sich die nur aus Afroamerikanern bestehende kommunistische Zelle des Ghettobezirks von Los Angeles nannte, aufgenommen.

Doch zurück zu den Ereignissen an der UCLA. Am 19. September 1969 entschied deren Treuhänderrat – gestützt auf einen Hexenjagdbeschluss aus dem Jahr 1949, als die Universität 32 nicht zur Ablegung eines antikommunistischen Loyalitätseides bereite Wissenschaftler kurzerhand entlassen hatte –, Angela Davis von der Hochschule zu verbannen. Dieser Schritt löste einen Proteststurm aus: Mit 539:12 Stimmen stellte sich die Fakultät an die Seite der Gemaßregelten. Auch UCLA-Kanzler Young teilte diese Haltung. Wissenschaftler und Studenten vieler anderer Universitäten und Colleges solidarisierten sich mit Angela Davis, die beim zuständigen Bezirksgericht Einspruch erhob, um zu erreichen, dass ihre verfassungswidrige Entlassung annulliert würde. Prof. Donald Kalish, Dekan der Philosophen und ein mutiger Demokrat, vertrat den Standpunkt, in Anbetracht des anhängigen Verfahrens sei der Treuhänderbeschluss zunächst einmal ausgesetzt. Er übertrug Angela Davis ohne viel Zaudern eine außerplanmäßige Vorlesungsreihe. Am 6. Oktober 1969 hielt sie ihre Eröffnungslektion in der Royce Hall – dem größten Auditorium der UCLA. Statt der hundertsiebenundsechzig Hörer, die sich für den Kurs eingetragen hatten, bereiteten ihr zweitausend Studenten und Hochschullehrer eine minutenlange Ovation.

Diese Wendung der Dinge versetzte die Mächtigen Kaliforniens und der USA in Rage. Eine gezielte Verleumdungs- und Einschüchterungskampagne wurde eingeleitet. Haufenweise gingen Drohbriefe bei der Fakultät ein. Täglich gab es unzählige Telefonanrufe, mit denen man die »rote Niggerin« aufforderte, schleunigst von der UCLA zu verschwinden. Aufgrund wiederholt angekündigter Bombenanschläge wurden die auf dem Universitätsgelände stationierten Polizisten in ununterbrochene Alarmbereitschaft versetzt. Mehr als einmal untersuchten sie das Auto der Dozentin auf Plastikbomben. Zugleich erteilte der Che-Lumumba Club einigen seiner Mitglieder den Auftrag, die gefährdete Genossin ständig zu begleiten.

Am 20. Oktober entschied Richter Jerry Pacht vom angerufenen Gericht in Los Angeles, die Suspendierung von Angela Davis entbehre jeder rechtlichen Grundlage. Fast zur selben Zeit hieß es in einem von der 96 000 Mitglieder zählenden Vereinigung Amerikanischer Hochschulprofessoren veröffentlichten Bericht, die Entlassung der afroamerikanischen Wissenschaftlerin sei ein »Verstoß gegen die Prinzipien akademischer Freiheit«.

Als Siegerin in den Hörsaal zurückgekehrt, wurde Angela Davis nun erst recht zur Zielscheibe des Hasses der Reaktionäre und Rassisten. Die bösartige Briefkampagne steigerte sich derart, dass die Fakultät allein für die Durchsicht der eingehenden Drohpost eine zusätzliche Kraft einstellen musste. Zugleich sicherten das FBI und die lokale »Red Squad« – das »Rotendezernat« der kalifornischen Polizei – die lückenlose Überwachung und die Tonbandaufzeichnung jeder noch so kleinen Veranstaltung, an der Angela Davis teilnahm.

Die Atmosphäre, von der sich die durch die Umstände ihres »Falles« über Nacht zu einer bekannten Persönlichkeit gewordene junge Frau ständig umgeben sah, zerrte an ihren Nerven. Um ihr Leben und die Sicherheit ihrer Freunde besorgt, entschloss sie sich, zum Zweck der Selbstverteidigung im Notwehrfall Waffen zu kaufen. Damit machte sie sich in keiner Weise strafbar, da deren Erwerb und Besitz bekanntermaßen in den meisten US-Bundesstaaten, darunter auch in Kalifornien, ein jedem erwachsenen Bürger laut Verfassung zugebilligtes Recht ist. Nach Schätzungen der Zeitung »Newsday« befanden sich Anfang 1972 in den USA etwa 24 Millionen Pistolen, 35 Millionen Gewehre und 31 Millionen Flinten in Privathand. Andere veröffentlichte Zahlen gehen noch weit darüber hinaus. Zahlreiche rassistische und faschistische Gruppierungen unterhielten zu dieser Zeit ganze Arsenale und besaßen eigene paramilitärische Ausbildungslager. So war es verständlich, dass verfolgte Demokraten legale Möglichkeiten nutzten, sich gegen Anschläge seitens der Rechten zu schützen.

Übrigens setzte bereits damals das internationale Interesse an den Vorgängen in Kalifornien ein. In der Presse verschiedener Länder erschienen fast gleichzeitig Veröffentlichungen, die den Gesinnungsterror in den USA anprangerten. Am 26. Oktober 1969 brachte »Neues Deutschland« einen wenige Wochen später auch von der Schweizer Zeitung »Vorwärts« nachgedruckten Artikel unter der Überschrift »Der Fall Angela Davis«, der die wichtigsten Fakten enthielt.

Während Angela Davis trotz aller geschilderten Belastungen mit großem Erfolg ihre Tätigkeit als Hochschullehrerin fortsetzte, nahm sie zugleich aktiv am politischen Kampf der Bürgerrechtsbewegung und ihrer Partei teil.

Am 13. Januar 1970 ereignete sich ein Vorfall, der für ihr weiteres Leben große Bedeutung haben sollte. In Soledad – einem der berüchtigtsten Zuchthäuser Kaliforniens – kam es bei der Freistunde auf dem Anstaltshof zu einer Schlägerei, in die acht weiße und sieben schwarze Insassen verwickelt waren. Turmdienst hatte an diesem Tag der Wächter O. G. Miller, ein ebenso fanatischer Rassist wie sicherer Schütze. Angeblich in der Absicht, »beide Seiten auseinanderzubringen«, erschoss er nacheinander drei schwarze Häftlinge. 72 Stunden später bescheinigte man ihm gerichtlicherseits, es habe sich um »einen Akt gerechtfertigter Tötung« gehandelt.

Die kaltblütige Abschlachtung ihrer Kameraden rief unter den schwarzen Gefangenen eine ungeheure Erregung hervor. 30 Minuten nach Millers Schüssen stürzte man einen anderen Soledad-Schließer in den Treppenschacht. Obwohl die näheren Umstände seines Todes nicht bekannt wurden, »wusste« die Direktion sofort, wo sie die »Täter« zu suchen hatte. Sie isolierte unverzüglich drei Männer – George Jackson, Fleeta Drumgo und John Clutchette –, deren Namen schon seit langem auf einer Sonderliste vermerkt waren. Sie, die man für gefährliche politische Aufwiegler hielt, sollten nun endlich an die Gaskammer des kalifornischen Staatsgefängnisses San Quentin weitergereicht werden. Hier warteten in den Todeszellen bereits hundertsechzig Verurteilte auf ihre Exekution.

Besonders zielte man auf Jackson – den Gefangenen Nr. A 63837. Der in den Ghettos von Chicago und Los Angeles aufgewachsene Mann, den ein Jugendgericht zu der diabolischen Strafe »von einem Jahr bis lebenslänglich« verurteilt hatte, weil er als Siebzehnjähriger bei einem ganze 70 Dollar einbringenden Tankstellenraub im Wagen des eigentlichen Täters mitgefahren war, blickte zu dieser Zeit schon auf zehn Zellenjahre zurück. Man hatte ihn als »Unverbesserlichen« dabehalten, nicht nur, weil er arm und schwarz war, sondern vor allem auch deshalb, weil er sich in der Haft zum Revolutionär entwickelte.

Obwohl es keinerlei Beweise gab, stimmte die Grand Jury[2] des Monterey County, in der das malerische Salinas-Tal mit Soledad liegt, am 16. Februar 1970 der Durchführung eines auf die Mordanklage gestützten Prozesses gegen Jackson, Drumgo und Clutchette zu. Mit dieser Entscheidung des aus wohlhabenden, staatstreuen und – natürlich – »unabhängigen« Bürgern gebildeten Gremiums zeichnete sich die Vorbereitung eines »legalen« Lynchverbrechens ab. Amerikanische Demokraten unterschiedlicher politischer Richtungen schlugen nun Alarm für die »Soledad-Brüder«, wie man die drei bald allgemein nannte. Dem Verteidigungskomitee stellten sich so bekannte

Persönlichkeiten wie der zweifache Nobelpreisträger Prof. Linus Pauling und der berühmte Kinderarzt Dr. Benjamin Spock zur Verfügung. Auch Angela Davis, die der Verhandlung beigewohnt hatte, wurde dessen Mitglied. Als wenig später örtliche Aktionsgruppen entstanden, übernahm sie die Leitung des repräsentativen Verteidigungskomitees der Siebenmillionenstadt Los Angeles.

Im Juni, als die meisten Studenten das Universitätsgelände bereits verlassen hatten, wagte der Treuhänderrat der UCLA einen neuen Vorstoß, um Angela Davis auszuschalten. Auf Vorschlag von Mrs. Hearst beschloss er entgegen den Empfehlungen der Fakultät und des Kanzlers der Universität, den auslaufenden Lehrvertrag mit der kommunistischen Dozentin nicht zu verlängern.

Sachliche, den Unterricht betreffende Gründe standen den Treuhändern nicht zu Gebote. Ein Komitee, dem die angesehensten Wissenschaftler der Hochschule angehörten, hatte Angela Davis gerade erst »unanfechtbare akademische Qualifikation« bescheinigt. »Die Studenten priesen ihre Arbeit«, schrieb das großbürgerliche Wochenmagazin »Newsweek« damals. »In einem von vierundfünfzig der achtundsechzig Teilnehmer ihres Seminars über materialistische Dialektik unterzeichneten Brief wird besonders unterstrichen, sie habe den freien Fluss von Ideen gefördert.« Und Prof. Don Kalish stellte fest: »Angela Davis war großartig auf jedem Gebiet. Sie war gut vorbereitet, offen für alle Fragen, zugänglich für andere Meinungen und sehr klar in ihrem Ausdruck.« Am 11. Juni fasste der Lehrkörper der Fakultät den Beschluss, die Philosophiedozentin weiter zu beschäftigen und das Gehalt notfalls aus Spenden ihrer Kollegen zu finanzieren.

So wie die Dinge lagen, blieb den Treuhändern der UCLA nichts weiter übrig, als den Ausschluss der ihnen unliebsamen Kommunistin allein mit »Aktivitäten außerhalb des Hörsaals« zu begründen.

Am 19. Juni, als in Los Angeles eine große Kundgebung für die Soledad-Brüder stattfand, zu deren Rednern neben Angela

Davis auch die Schauspielerin Jane Fonda gehörte, wurde die Entscheidung verkündet, die »rote Schwarze« endgültig aus der wissenschaftlichen Arbeit zu verbannen. Selbst ein Teil der bürgerlichen Presse nannte die Entlassung »empörend« und »anachronistisch«. Mit der Entfernung der kommunistischen Dozentin sei die »Davis-Affäre noch lange nicht abgeschlossen«, bemerkte »Newsweek«.

»Geistiger Urheber der ganzen Kampagne war Gouverneur Ronald Reagan«, schrieb in jenen Tagen ein unter dem Pseudonym »The Professor« auftretender Autor, dessen Bändchen »Angela« mit einem Vorwort des bekannten Strafverteidigers Melvin Belli herausgekommen war. Allerdings zahlte sich der Einsatz des späteren Präsidenten der Vereinigten Staaten damals für ihn und seine Partei nicht aus. Vielmehr trug Reagans massives Eingreifen in den »Fall Angela Davis« maßgeblich zu seiner Abwahl und zum Sieg des als liberal geltenden Gouverneurskandidaten der Demokratischen Partei, Edmund Brown jr., bei.

Von den gegen sie ergriffenen Repressalien unbeeindruckt und durch eine bedeutende Solidaritätsbewegung unterstützt, beantwortete die nun zum zweiten Mal gemaßregelte Kommunistin ihren Ausschluss vom Lehramt mit noch entschiedenerem Einsatz für die Soledad-Brüder. Im Juli 1970 trat sie bei mehreren Großveranstaltungen des Verteidigungskomitees auf, zu dessen ständigem Büro Angelas Wohnung am 35th Place in Los Angeles geworden war. Zu dieser Zeit befand sich auch der siebzehnjährige Jonathan Jackson ab und an unter ihren Begleitern. In einem Brief hatte Angela seinem älteren Bruder George nach Soledad mitgeteilt, in welcher ständigen Gefahr sie sich befinde. Dieser war deswegen sehr besorgt und hatte dringend gebeten, den athletischen, gerne älter wirkenden Jon in den Kreis der für Angelas persönliche Sicherheit Verantwortlichen aufzunehmen. Jonathan, der Angela wegen ihres Engagements für die Soledad-Brüder verehrte, war nur von einem einzigen Gedanken beseelt: seinem seit vielen Jahren leidenden Bruder, den er immer wieder hinter den Mauern solcher Zuchthäuser wie Chino, Folsom, Soledad und San Quentin hatte sehen müssen, auf irgendeine Weise zu helfen. Die Verzweiflung trieb den Jugendlichen schließlich zu einem Entschluss, dessen Verwirklichung schreckliche Folgen haben sollte. Sie bot den Feinden von Angela Davis endlich den willkommenen Anlass, auf die Standardmethode der amerikanischen Klassen- und Rassenjustiz zurückzugreifen, die seit den Tagen des gegen die Organisatoren der Chicagoer Mai-Demonstrationen von 1887 gerichteten Haymarket-Prozesses immer wieder praktiziert worden war: das Frame-up, die Konstruktion eines auf Erfindungen und Unterstellungen beruhenden »Kriminalfalls«.

GEISELNAHME IN SAN RAFAEL

Am 7. August 1970 wurde im Saal I auf der zweiten Etage des Justizgebäudes in San Rafael unter Vorsitz von Richter Harold Haley die Strafsache A 63853 verhandelt. Angeklagt war der aus dem nur fünf Meilen entfernten Zuchthaus San Quentin vorgeführte afroamerikanische Gefangene James McClain, der sich selbst gegen den Vorwurf verteidigte, einen Anstaltswärter angegriffen zu haben. Der gleichfalls in Haft befindliche Ruchell Magee sagte gerade als Zeuge der Verteidigung aus, während sich noch ein zweiter San-Quentin-Insasse namens William Christmas in einer Zelle hinter dem Verhandlungsraum aufhielt.

Niemand beachtete Jonathan Jackson, als dieser, eine Tasche unter dem Arm, den Gerichtssaal betrat und auf einer der Zuhörerbänke Platz nahm. Minuten später richtete der junge Mann dann eine Pistole auf Richter Haley und befahl den Anwesenden, jede Bewegung zu unterlassen. Rasch verteilte er Waffen verschiedener Typen und Kaliber an McClain, Magee und Christmas. Nachdem sie einige Minuten unter sich beraten hatten, was nun zu tun sei, wurde Marin-County-Sheriff Montanas telefonisch aufgefordert, freies Geleit zu gewährleisten und keinerlei Gewaltanwendung zu versuchen. Unter Geiselnahme des Richters, des Staatsanwalts und dreier weiblicher Geschworener verließen die vier Afroamerikaner das Justizgebäude.

Zu dieser Zeit hatten bereits etwa hundert Polizeibeamte rund um den Komplex Stellung bezogen. Ein Trupp Gefängniswärter aus San Quentin bildete an der Zufahrtsstraße einen Sperrriegel. Nachdem der »Befreier«, die drei Geflohenen und die Geiseln in einen auf dem Parkplatz abgestellten kleinen Lieferwagen gestiegen waren und das von Jackson gelenkte Fahrzeug wenige Meter zurückgelegt hatte, begann ein mörderischer Kugelhagel. Als sich der Pulverdampf verzogen hatte, fand man im Fluchtfahrzeug vier Leichen: Richter Haley, James McClain, William Christmas und Jonathan Jackson waren getötet, Staatsanwalt Gary Thomas, eine Geschworene und Ruchell Magee schwer verletzt worden.

Die Verleumdungskampagne ließ nicht lange auf sich warten. Bald verlautete aus Polizeikreisen, die von Jackson verwendeten Waffen seien allesamt auf den Namen Angela Davis registriert gewesen. Um sie in der Tasche »zu verbergen«, habe der Täter überdies mehrere Bücher zu »Themen der Gewalt« – ohne Ausnahme durch das Signum der Kommunistin als ihr Eigentum erkennbar – darüber gelegt. Der ganze Anschlag auf das Justizgebäude sei nur geplant worden, um Geiseln für einen Austausch gegen die Soledad-Brüder in die Hand zu bekommen.

Während pseudolinke Gruppen die Verzweiflungstat eines Jugendlichen sofort in den Rang des revolutionären Heroismus zu erheben suchten, grenzte sich die KP der USA von dem Zwischenfall in San Rafael scharf ab. Die Partei habe »immer ihre Opposition gegenüber sinnlosen Akten oder dem Rückgriff auf ein von einzelnen begonnenes Spiel mit der Waffe klargemacht – wie schrecklich auch die Provokation und wie licht das Ideal sein mögen«, erklärte das Politbüro des ZK der KP.

Polizei und Justiz Kaliforniens zögerten keinen Augenblick, die Jagd auf Angela Davis zu entfesseln. Am 11. August wurde die zu dieser Zeit sechsundzwanzigjährige Vorsitzende des Verteidigungskomitees für die Soledad-Brüder zur Fahndung ausgeschrieben. Fünf Tage später übernahm das FBI den Fall. Am 19. August setzte es die junge Kommunistin als dritte Frau in der amerikanischen Polizeigeschichte auf die Liste der zehn am meisten gesuchten Verbrecher.

Nach allen Verfolgungen musste Angela Davis nun noch mehr um ihr Leben fürchten. Ihr Steckbrief hing in sämtlichen Postämtern, Polizeirevieren und Behörden der USA. Er war eine ausdrückliche Aufforderung an jedermann, die Gesuchte lebendig oder tot abzuliefern, und konnte als Appell an »Niggerhasser« in Zivil oder Uniform betrachtet werden, sie einfach »auf der Flucht zu erschießen«.

So wie die Dinge lagen, blieb Angela Davis nur ein einziger Ausweg: sich zu verbergen. Mit Hilfe eines Freundes, der ihr Quartier gab und sie weiterbeförderte, versuchte sie, sich der Verhaftung und dem Frame-up zu entziehen. Als die »Los Angeles Times« eine unter den schwarzen Bürgern der Stadt Umfrage hielt, wie sie in einer ähnlichen Situation gehandelt hätten, antworteten 80 Prozent der Befragten, sie wären ebenfalls untergetaucht.

In den frühen Abendstunden des 13. Oktober 1970 gelang es dem FBI, Angela Davis und ihren Begleiter David Poindexter festzunehmen. Beide hatten sich als Ehepaar Gilbert in einem Motel im New Yorker Stadtteil Manhattan einquartiert. In die stabsmäßig vorbereitete Operation waren unzählige Polizisten eingeschaltet worden, um allein schon durch das Riesenaufgebot an Bewaffneten den Eindruck entstehen zu lassen, den Häschern sei eine ganz besonders gefährliche und gewalttätige Verbrecherin ins Netz gegangen. Ein Haftrichter legte zunächst fest, dass Angela Davis nur gegen eine Kaution von 250 000 Dollar freizulassen sei. Später wurde auch diese Möglichkeit ausgeschlossen.

Einen Tag nach dem polizeilichen »Fahndungserfolg«, zu dem Präsident Richard Nixon seinen bereits in den zwanziger Jahren als »Rotenjäger« bekannten FBI-Chef J. Edgar Hoover ausdrücklich beglückwünscht hatte, gab die KP der USA eine

Erklärung ab, in der es hieß, Angela Davis habe kein Verbrechen begangen, es sei denn, man betrachte den tapferen Kampf dieser schwarzen Frau gegen die Politik des Rassismus als Verbrechen.

Am 10. November bestätigte die Grand Jury des Marin County, die lediglich darüber zu befinden hatte, ob Angela Davis der ihr zur Last gelegten Straftaten hinreichend verdächtig sei, in einem acht Minuten (!) dauernden Verfahren das Begehren des Anklägers Albert Harris. Menschenraub, Mord und Verschwörung zur Begehung beider Verbrechen – Delikte, auf die im Fall eines Schuldspruchs dreimal die Todesstrafe stehen konnte, wurden der Angeklagten unterstellt.

Die extreme Bereitschaft der Jury, mit der Unterdrückungsmaschine des US-Staates zusammenzuarbeiten, kam nicht von ungefähr. Im Marin County konzentrierten sich in besonderem Maße reiche Bourgeoisie und wohlhabender Mittelstand. Diese Tatsache spiegelte sich auch in der Zusammensetzung des zur »Wahrheitsfindung« verpflichteten Gremiums wider. Im Marin County waren Rassismus und Antikommunismus besonders tief verwurzelt. »Eine schwarze Kommunistin« sei dort »in den Augen der meisten Einwohner fast automatisch schuldig«, schrieb ein örtliches Blatt. Übrigens gehörten drei der vier Richter, die 1970 dazu auserwählt worden waren, die Grand-Jury-Kandidaten zu bestimmen, zu der »Bruderschaft der Elche«, einem Club der sozialen Oberschicht, der keine Schwarzen in seinen Reihen kannte.

An demselben Tag, an dem in San Rafael die Anklage verkündet wurde, veröffentlichte »Daily World« eine Erklärung von Angela Davis: »Ronald Reagan und der Staat Kalifornien, die zuerst meine Entlassung forderten, weil ich Mitglied der KP bin, fordern jetzt mein Leben«, hieß es darin. »Weshalb? Nicht, weil ich die gefährliche Verbrecherin bin, als die sie mich hinstellen, nicht, weil die erlogenen Beschuldigungen, für die es keinerlei Beweise gibt, zutreffen, sondern deshalb, weil in ihrer verdrehten Vorstellungswelt ein Revolutionär von vornherein ein Verbrecher ist.« Der kalifornische Gouverneur und sein Generalstaatsanwalt Evil Younger reagierten sofort mit der Behauptung, die Unschuldsbeteuerungen von Angela Davis enthielten »keinen Funken Wahrheit«.

Bis zum Morgen des 22. Dezember wurde Angela im alten New Yorker Frauengefängnis festgehalten, wo man ihr zunächst eine Zelle auf der Station für psychisch Belastete zugewiesen hatte. Dann schob man sie nach Kalifornien ab. Vom Stadtgefängnis in der White Street, wohin man sie mit auf dem Rücken gefesselten Händen gebracht hatte, setzte sich eine aus neun Fahrzeugen bestehende Kolonne zur McGuire Air Force Base in New Jersey in Bewegung. Dort wartete bereits die vierstrahlige C97 einer Fliegereinheit der kalifornischen Nationalgarde, die Reagan offensichtlich für zuverlässiger gehalten hatte als die reguläre Luftwaffe. Ein Dutzend FBI-Agenten und Beauftragte der Generalstaatsanwälte beider Bundesstaaten begleiteten die Gefangene.

Als die veraltete Maschine nach zwölfstündigem Flug auf der Piste der Hamilton Air Base bei San Francisco ausrollte, umstanden Hunderte von Soldaten und Polizisten das Flugzeug. Sie starrten Angela Davis an, die in der Gaskammer San Quentins sterben sollte. Von Hamilton überführte man Angela direkt in das Gefängnis des Marin County. Der »nach neuesten Erkenntnissen« errichtete Zellenbau bildete wie Gericht und Sheriffsamt einen Teil des ultramodernen Behördenzentrums von San Rafael, das zum Schauplatz der blutigen Geschehnisse vom 7. August 1970 geworden war.

UNTER INTERNATIONALER KONTROLLE

Die Behandlung, der Angela Davis von nun an ausgesetzt war, ließ sich als »korrekt-schikanös« bezeichnen. Die Lage der Gefangenen konnte jedoch dadurch erleichtert werden, dass die inzwischen sprunghaft angewachsene Solidaritätsbewegung im In- und Ausland die illegalen Möglichkeiten der Polizei- und Justizbehörden einschränkte.

Von der Weltöffentlichkeit unter Kontrolle genommen, mussten jene, welche mit Angela Davis ursprünglich nicht viel Federlesens hatten machen wollen, nun wohl oder übel wenigstens gewisse Spielregeln einhalten, um den Eindruck »normaler Haftbedingungen« vorzutäuschen.

Hinzu kam, dass das Nationale Verteidigungskomitee (NUCFAD) – dem Gremium hatten sich auch hundertachtzehn Förderer, darunter die Witwe des ermordeten Bürgerrechtskämpfers Dr. Martin Luther King, die Soulsängerin Roberta Flack, der Schauspieler Elliot Gould und Pastor Cecil Williams von San Franciscos Glide Memorial Church, zur Verfügung gestellt – die Gefängnissituation ständig im Auge behielt.

Am härtesten belastete Angela die ausschließlich künstliche Beleuchtung ihrer winzigen Zelle. Nach einiger Zeit stellte sich heraus, dass sich ihr angeborenes Augenleiden rasch verschlimmerte. Erst nachdem ihr das Gericht in Übereinstimmung mit den Landesgesetzen gestattet hatte, als Verteidigerin in eigener Sache aufzutreten, wurde ihr ein kleiner Arbeitsraum bewilligt, in den wenigstens ein Schimmer Tageslicht fiel. Hier bereitete sie sich auf den Prozess vor und traf von nun an regelmäßig mit ihren Anwälten und den sie unterstützenden Legal Investigators[3] zusammen, unter denen sich Charlene Mitchell, Mitglied des Politbüros des ZK der KP und Exekutivsekretär des NUCFAD, sowie die führenden kalifornischen Kommunisten Kendra und Franklin Alexander befanden.

Angela wurde nur ein kleiner Teil der Post ausgehändigt, die bald aus allen Teilen der Welt, besonders aber aus Kuba, Vietnam, der UdSSR, der DDR, dem Chile der Unidad Popular, Frankreich, Italien, der BRD und Dänemark, in San Rafael eintraf. Monate später ließ das NUCFAD die Amerikaner ahnen, welche gewaltige Armee von Verteidigern Angela zu Hilfe geeilt war. Lastkraftwagen, beladen mit Säcken voller Solidaritätsbotschaften, fuhren durch die Ghettos der Schwarzen und durch das Mexikanerviertel von San Francisco.

Auch in den USA formierte sich der Widerstand gegen das Komplott. »Wenn sie Dich am Morgen holen, kommen sie am

Abend zu uns«, schrieb ihr der afroamerikanische Schriftsteller James Baldwin. Neben namhaften Künstlern und Geistlichen traten sogar Mitglieder des Kongresses für Angela Davis ein. John Conyers und Ron Dellums – zwei der wenigen politisch unbestechlichen Abgeordneten des US-Repräsentantenhauses – stellten sich an Angelas Seite. Auf seinem Jahreskongress in Honolulu fasste der traditionsreiche Verband der Docker und Schauerleute der amerikanischen Westküste als erste große Gewerkschaft der USA den Beschluss, Angela Davis zu unterstützen. Bald darauf versicherte ihr auch Cesar Chavez im Namen des Landarbeiterverbands seine feste Verbundenheit. Die Teilnehmer des 55. Jahreskongresses der Amerikanischen Lehrergewerkschaft überstimmten die extrem antikommunistische Verbandsspitze und forderten mehrheitlich Angelas Freilassung auf Kaution. Von der Presbyterianischen Kirche der USA wurden dem NUCFAD 10000 Dollar für die Verteidigung überwiesen. Und schließlich traten sogar die 650 Delegierten der 19. Jahreskonferenz des mit der Demokratischen Partei verbundenen California Democratic Council – der führenden bürgerlichen Organisation des Bundesstaates – dafür ein, der auf Tod und Leben angeklagten jungen Wissenschaftlerin wenigstens »einen fairen Prozess zu garantieren«.

Besonders rührte die Gefangene von San Rafael eine kunstvoll gestaltete Fahne, die ihr in Südkorea stationierte schwarze Wehrpflichtige einer Einheit aus Seattle übersandten.

Am 2. Juni 1971 stellte die Verteidigung den Antrag, ihre Mandantin gegen eine finanzielle Sicherheit aus der Haft zu entlassen. Richard E. Arnason, ein für seine Sachlichkeit bekannter Jurist aus Sonoma County, der nunmehr das Verfahren leitete, nachdem es gelungen war, vier Richter des Marin County wegen offensichtlicher Befangenheit auszuschließen, forderte daraufhin ein Gutachten der kalifornischen Kautionsbehörde an. Angela Davis werde sich nach seiner Auffassung der Justiz nicht entziehen, erklärte der um Auskunft ersuchte stellvertretende Leiter dieses Amtes, James B. Soeraert. »Sie hat für ihre Position starke Unterstützung von vielen Leuten im ganzen Land erhalten. Eine große Zahl von Personen betrachtet sie als Führerin im Kampf um soziale Reformen. Eine Flucht wäre unter diesen Umständen eine schwere Enttäuschung für ihre Familie, ihre Anhänger und ihre Anwälte«, hieß es in dem Gutachten.

Doch Richter Arnason beugte sich dem massiven Druck der alle Register ziehenden Anklageerhebung. Am 15. Juni lehnte er den Freilassungsantrag mit der Begründung ab, die Beschuldigte werde mehrerer Verbrechen bezichtigt, auf welche die Todesstrafe stehe.

Einige Wochen später wurde das Verfahren gegen Ruchell Magee – den zusammen mit Angela Davis angeklagten einzigen Überlebenden des Fluchtversuchs aus dem Justizgebäude von San Rafael – abgetrennt. In der Vorverhandlung hatte Magee ausgesagt, die beiden Marin-County-Richter Joseph Wilson und E. Warren Maguire hätten den zu seinem Pflichtverteidiger ernannten Anwalt Leonard Bjorklund nach San Quentin geschickt, um ihn zu einem Meineid zu überreden. Sollte er bereit sein, vor Gericht zu bekunden, Angela Davis habe den an der Geiselnahme Beteiligten die Waffen zugespielt, werde man »Gnade vor Recht ergehen lassen«, die ganze Sache »vergessen« und ihn auf Bewährung entlassen, habe ihm Bjorklund übermittelt. Anderenfalls komme er in die Gaskammer.

Bald nach den Enthüllungen Magees meldete sich auch der vom FBI in das Davis-Verteidigungskomitee eingeschleuste Spitzel Louis Tackwood zu Wort. Auf einer überfüllten Pressekonferenz teilte er den Reportern mit, die Polizei habe ihn angeworben, als er durch einen Autodiebstahl straffällig geworden sei. Sein spezieller Auftrag sei es gewesen, in den Räumen des NUCFAD »Wanzen« anzubringen, Akten zu entwenden und die Angeklagte entlastende Dokumente zu beseitigen.

Am 3. August 1971 traf Richter Arnason die Entscheidung, den Strafprozess nicht im Marin County, sondern im Zentrum des Santa Clara County – in San José – abzuhalten. Dieser Beschluss schuf eine neue Lage. Das Widerspruchsvolle der Situation bestand darin, dass hier einerseits wichtige Betriebe der

Rüstungsindustrie, vor allem der militärischen Elektronik, konzentriert waren, von denen eine unheilvolle reaktionäre Atmosphäre ausging, während die Stadt andererseits schon mehrere Male hintereinander einen so liberalen Kongressabgeordneten wie Don Edwards in das Repräsentantenhaus entsandt hatte.

Noch bevor man Angela Davis in das Gefängnis des Santa Clara County in Palo Alto verlegte, ereignete sich im Zuchthaus San Quentin ein neuer blutiger Zwischenfall. Am 21. August 1971 wurde der Soledad-Bruder George Jackson durch einen Turmposten der Anstalt »auf der Flucht erschossen«, als er angeblich auf eine sieben Meter hohe, obendrein noch stacheldrahtbewehrte Mauer zulief, deren Überwindung ihm völlig unmöglich gewesen wäre. Die Behörden hielten sofort ihre »Begründung« für das Geschehen parat: Nach dem Besuch seines Anwalts Stephen Bingham habe Jackson eine Schusswaffe in seiner hohen Afrofrisur verborgen und sei, als man diese bei ihm entdeckt habe, »einfach durchgedreht«. Die ganze Geschichte klang unglaubwürdig.

Angela Davis nahm die Nachricht vom Tod des Mannes, für dessen Freiheit sie so lange und so entschlossen gekämpft hatte, in tiefem Schmerz auf. »Für mich bedeutete Georges Tod nicht nur den Verlust eines Kampfgefährten, sondern auch den Verlust einer unwiederbringlichen Liebe«, schrieb sie über das schreckliche Ereignis. Sie werde sich jetzt nur noch entschiedener für die Befreiung der beiden überlebenden Soledad-Brüder und aller aus politischen und rassistischen Gründen in den USA Verfolgten einsetzen.

In Palo Alto, wohin Angela wenig später »überstellt« wurde, waren die Zustände anfangs katastrophal. Erst nachdem das NUCFAD die Öffentlichkeit davon in Kenntnis gesetzt hatte, dass der Fußboden der Zelle, in der sich die nach wie vor vom Tod bedrohte Gefängnisinsassin nun befand, infolge eines Rohrschadens ständig überflutet war, änderte sich die Situation. James Geary, gewählter Sheriff des Santa Clara County, der den Willen zeigte, sich von seinen Beamten durch eine großzügigere Denkweise zu unterscheiden, sorgte persönlich für die Beseitigung einiger vermutlich nicht zufällig aufgetretener Mängel.

Wenige Tage vor dem 28. Februar 1972, an dem der mehrfach verschobene Schauprozess in San José endlich beginnen sollte, erfolgte eine einschneidende Gesetzesänderung. Kaliforniens Oberster Gerichtshof entschied, die Todesstrafe in den Grenzen des Bundesstaates aufzuheben. Die Tatsache, dass das ausgerechnet zu diesem Zeitpunkt geschah, war aufschlussreich. Offensichtlich wollte man, sollte es im »Fall Angela Davis« zu einem Schuldspruch kommen, einer Hinrichtung in San Quentin vorbeugen, da man weltweite Proteste fürchtete.

Die Entscheidung entzog Richter Arnason das Argument, mit dem er am 15. Juni seinen Entschluss motiviert hatte, Angela Davis bis zum Beginn der Hauptverhandlung nicht auf freien Fuß zu setzen. Ein neuer Antrag wurde sofort gestellt und fiel nun auf günstigen Boden. Die Kaution betrug 102 500 Dollar, wovon nur 2500 Dollar in bar zu erbringen waren, während es für den Rest der üblichen Garantien bedurfte. Da sich die bekannte afroamerikanische Sängerin Aretha Franklin, die sich bereit erklärt hatte, für Angela mit einem Teil ihres Vermögens zu haften, gerade im Ausland aufhielt, musste eine andere Lösung gefunden werden. Ein weißer Farmer aus dem kalifornischen Fresno County bot dem NUCFAD von sich aus an, einen Teil seines Familienbesitzes zu verpfänden.

Am 23. Februar 1972 wurde Angela Davis, die 488 Tage Amerikas prominenteste politische Gefangene gewesen war, aus der Untersuchungshaft entlassen. Richard Arnason erteilte ihr jedoch eine Reihe diskriminierender Auflagen: Reise- und Aufenthaltsbeschränkung, Verbot öffentlichen politischen Auftretens, wöchentliche Meldepflicht bei der Polizei. Der Richter ließ im Übrigen anklingen, was maßgeblich dazu beigetragen hatte, Angela Davis aus dem Gefängnis zu befreien. Bei seiner Entscheidungsfindung habe der Umstand eine Rolle gespielt, dass es sich um »ein weltweit beachtetes Strafverfahren« handle. Arnason verwies auf »die Post und die Anrufe«, die er »in den letzten Tagen aus einer großen Zahl von Bundesstaaten und selbst aus dem Ausland erhalten« habe. Wörtlich sagte der Richter: »Es ist ein Fall von außergewöhnlichem Interesse.«

Am Tag nach Angelas Haftentlassung traf der Generalsekretär der KP der USA, Gus Hall, der als Opfer imperialistischer Gesinnungsjustiz selbst acht Jahre im Bundesgefängnis Leavenworth (Kansas) hatte zubringen müssen, in San José ein. Er beglückwünschte die junge Genossin, die der in New York zusammengetretene 20. Parteitag der amerikanischen Kommunisten kurz zuvor in das Zentralkomitee gewählt hatte, zur Berufung in diese Funktion. Gus Hall wurde von Senator Luis Figueroa, dem Führer der chilenischen Gewerkschaftszentrale CUT, begleitet, der sich an Ort und Stelle einen Eindruck von der Atmosphäre des Prozesses gegen Angela Davis verschaffen wollte.

SENSATION FÜR CAROL

Damit endeten die Notizen, die ich mir in Berlin gemacht und während des sechsstündigen Fluges über den Atlantik noch einmal durchgesehen hatte. Wie ein Film waren die Ereignisse an mir vorübergezogen. Doch es handelte sich nicht um ein Produkt menschlicher Einbildungskraft oder künstlerischer Fantasie. Die Inszenierung war Teil der amerikanischen Wirklichkeit. Niemand vermochte im Augenblick das Ende des Stückes vorauszusagen, das auf der Bühne von San José gespielt werden sollte. Allein der Verlauf des großen Kampfes, der unmittelbar bevorstand, würde den Ausgang des Dramas entscheiden, dachte ich, während die Maschine bereits über den grellbunten Lichtschneisen des abendlichen New York eine letzte lange Schleife zog.

Minuten später setzte das Flugzeug mit Hammer und Sichel am Leitwerk auf der Piste des Kennedy-Flughafens auf. Der Beamte des Einwanderungsdienstes ließ mich anstandslos passieren. Auch beim Zoll, der die mit mir eingetroffenen US-Bürger streng überprüfte, wurde ich nicht lange aufgehalten. Dann stand ich mit meinem Gepäck auf der Straße. Als ich Wartende an einer Bushaltestelle um Auskunft bat, wo meine 20 Minuten später nach San Francisco startende Anschlussmaschine wohl abfliege, erstaunte sie die Naivität meiner Frage.

Sah man von den gemeinsam genutzten Rollbahnen ab, so war das gesamte Flughafengelände unter verschiedene Lufttransportgesellschaften aufgeteilt. Da ich mit Trans World Airlines zu fliegen gedachte, musste ich mich – am besten im Galopp – zum einige Hundert Meter entfernten TWA-Gebäude begeben. Zum ersten Mal machte ich so mit einer Tatsache Bekanntschaft, auf die ich fortan immer wieder stoßen sollte: dem Umstand nämlich, dass in den USA buchstäblich alles – von ganz wenigen Ausnahmen abgesehen – Privateigentum ist. Nicht einmal Wasser-, Gas- und Elektrizitätswerke, Rundfunk- und Fernsehstationen, Bus- und Fluglinien gehörten hier Anfang der siebziger Jahre, wie in anderen kapitalistischen Ländern, dem Staat. Sogar beim Telefonieren meldete sich statt des »Fräuleins vom Amt« stets eine liebenswürdige Stimme, die von der Bell Company gemietet worden war.

Trotz der erwähnten Schwierigkeiten klappte der Anschluss vorzüglich. Der New Yorker TWA-Bodendienst erwies sich als höflich und hilfsbereit. Noch kurz vor Toresschluss ließ man mich durch einen der Ziehharmonika-Arme an Bord gehen. Die Boeing 707 war nicht ausgebucht, und die Gesellschaft wollte unter diesen Umständen keinen einzigen Passagier an die ebenfalls auf der San Francisco-Route fliegenden Konkurrenten verlieren, deren Abfertigungsgebäude den Kennedy-Flughafen umgaben.

Ich machte es mir in der gut belüfteten und geräumigen Maschine bequem. Immerhin musste ich mich auf weitere vier bis fünf Stunden Flug einrichten. Meine Nachbarin war eine sommersprossige Studentin. »Ich heiße Carol«, sagte sie. »Klaus.« Diese Vorstellung war typisch für Amerika, wo man sich ohne Umschweife beim Vornamen zu nennen pflegt. Lustig und neugierig, wollte Carol herausbekommen, woher ich sei. »Sie sind gewiss aus Europa?«, fädelte sie ihr Fragespiel ein. »Hm«, brummte ich. »Aber raten Sie mal, aus welcher Ecke.«

Sie nannte der Reihe nach, was ihr an europäischen Ländern gerade einfiel. Auf das richtige kam sie nicht. Wie auch. Die DDR bestand damals zwar schon mehr als 22 Jahre, doch die US-Regierung und die angeblich so informationsbeflissenen Massenmedien hatten diese Tatsache den meisten Amerikanern bisher vorenthalten.

Um meine sympathische Nachbarin nicht länger zappeln zu lassen, gab ich das Geheimnis preis. »Oh, Sie sind aus Ostdeutschland«, übersetzte Carol die drei Wörter, die ich ihr genannt hatte, flink in das Amerikanische jener Tage. »Das ist aber eine Sensation!« Das Mädchen schien geradezu entzückt, in der Nähe eines »Exoten« Platz genommen zu haben. Seltenes zählt in Amerika immer. Das wusste ich bereits aus Büchern.

Was ist eigentlich Sensationelles an dieser Reise?, fragte ich mich jetzt unwillkürlich selbst. Zum ersten Mal waren die US-Behörden, in deren Fragebogen man sich nicht allein nach Rasse und Hautfarbe, sondern auch danach zu erkundigen pflegte, ob der Antragsteller homosexuell, wegen Rauschgiftdelikten vorbestraft oder Mitglied einer kommunistischen Partei sei, von der Regel abgewichen, DDR-Journalisten die Berichterstattung über politische Ereignisse in den Vereinigten Staaten zu verweigern. Dennoch war man von realistischem Denken noch weit entfernt. Es brauchte seine Zeit, bis mit der Hissung des Sternenbanners am US-Botschaftsgebäude in der Berliner Neustädtischen Kirchstraße die Normalität in den zwischenstaatlichen Beziehungen Einzug hielt. So kostete mich das Betreiben meines Visa-Antrags volle zehn Monate. Damals beschäftigte sich die Westberliner US-Mission auch mit Dingen, die – völkerrechtlich betrachtet – eigentlich nicht in ihre Zuständigkeit fielen. Zum Beispiel mit der Bearbeitung meines Einreiseformulars.

Während die Boeing 707 zügig der amerikanischen Pazifikküste zustrebte, dachte ich an so manches Erlebnis im Haus an der Clayallee in Westberlin. Als Erstem war ich dort dem zuvorkommenden Konsul G. Edward Reynolds begegnet, der mich schon im April 1971 in seinem Schaukelstuhl sitzend empfangen und den »hochpolitischen Fall« zunächst betreut hatte. Ihm war offenbar die Aufgabe gestellt, den Vertreter einer großen, international beachteten Zeitung konfliktlos abzuwimmeln. Von Zeit zu Zeit ließ mir der Konsul Mitteilungen zukommen, aus denen hervorging, dass »positive Schritte« erst dann eingeleitet werden könnten, wenn die in der Sache »allein zuständigen kalifornischen Behörden« die Anwesenheit eines Journalisten aus der DDR genehmigt hätten. Am 12. November schickte er mir, mein Beharrungsvermögen unterschätzend, ein »Demobilisierungsschreiben«: »Wie Sie sich vorstellen können, haben Hunderte Pressevertreter den Zulassungsantrag gestellt. Die Chancen für einen jeden von ihnen, die Erlaubnis zu erhalten, sind deshalb nicht sehr günstig.« Von Berufs wegen hartnäckig, hatte ich mich selbst dann nicht ins Bockshorn jagen lassen, als plötzlich die verschiedensten Herren in einer so simplen Visa-Angelegenheit tätig wurden. Darunter auch solche, deren Visitenkarten die Aufschrift »Sektion Ostfragen« trugen. Was sich dahinter verbarg, ließ sich leicht erraten.

Am Ende war der Korrespondent des »ND« dann von Mr. Alexander Akalovsky, einem Generalkonsul der Vereinigten Staaten, empfangen und mit dem erbetenen Einreisevermerk ausgerüstet worden. Übrigens bekam ich das zunächst auf drei Wochen befristete Visum genau fünf Tage vor Prozessbeginn mit dem Hinweis erteilt, der Bewegungsspielraum seines Besitzers sei auf 25 Meilen um die Stadt San José beschränkt. Man erwarte »Wohlverhalten«, »Mäßigung« und »Fairness«, hatte man mich ermahnt und darauf aufmerksam gemacht, bei der Visa-Bewilligung handle es sich »gewissermaßen um einen Präzedenzfall«.

Millionen Menschen in aller Welt haben die USA dazu gezwungen, gegen Angela Davis unter Kontrolle der internationalen Öffentlichkeit zu verhandeln und dem Prozess den Anschein eines sauberen Verfahrens zu geben, dachte ich befriedigt. Darin bestand offenbar auch der Grund dafür, dass meine Reise nicht abgelehnt worden war.

Übrigens sollte schon am folgenden Tag eine von der westdeutschen Nachrichtenagentur DPA aus San José verbreitete Meldung diese Annahme bestätigen. »Die amerikanische Regierung hat einen Korrespondenten aus der DDR zur Berichterstattung über den Prozess gegen die farbige Marxistin Angela Davis in San José zugelassen, um zu demonstrieren, dass die Angeklagte einen fairen Prozess erhält«, hieß es darin. »US-Regierungskreise erklärten, dass der Ostberliner Journalist Klaus Steiniger vom ›Neuen Deutschland‹, der als erster DDR-Reporter zur Berichterstattung in die USA einreisen durfte, sich selbst davon überzeugen soll, dass Angela Davis kein Schauprozess gemacht wird.«

Schwarze Nacht lag über San Francisco, als ich mich nach der Landung von Carol verabschiedete und durch einen langen Korridor zum Haupttrakt des Flughafengebäudes ging. Obwohl ich auch für den letzten Abschnitt der Reise – den Achtminutensprung nach San José – eine gültige Flugbuchung in der Tasche hatte, hoffte ich insgeheim, dass es meine telegrafisch verständigten Kollegen auf sich genommen hätten, mich mit dem Auto abzuholen. Meine Erwartungen wurden nicht enttäuscht. Schon von weitem erkannte ich den späteren Washingtoner ADN-Korrespondenten Horst Schäfer, der damals noch BRD-Bürger war, für das Berliner Pressebüro in München arbeitete und sich bereits seit einigen Wochen in Kalifornien aufhielt. Er hatte Tage zuvor eine aufsehenerregende, von Millionen Fernsehzuschauern in der DDR mit großer Anteilnahme verfolgte Reportage aus Angelas Gefängniszelle nach Europa übermittelt. Im Ergebnis harter Verhandlungen war es ihm gelungen, von den Behörden die Einwilligung zu den Dreharbeiten zu erwirken. Ein an Ort und Stelle unter Vertrag genommenes Kamerateam hatte die Ausführung des Vorhabens besorgt.

Horst stellte mich einer adretten jungen Frau vor, von der ich bald erfuhr, dass sie zum Kern der Davis-Verteidigung gehörte. Es war Stephanie Allan, Tochter des legendären Arbeiterjournalisten William Allan und Redakteurin des kommunistischen Westküsten-Wochenblatts »People's World«, jetzt Pressesprecherin des NUCFAD. Stephanie fuhr uns in ihrem Wagen nach San José, wo man auch mich im »Vagabond«, einem Motel, das den Landstreicher in seinem Wappen führte, untergebracht hatte. Das Haus war an der First Street »strategisch« günstig gelegen. Innerhalb einer Viertelstunde konnte man das Gerichtsgebäude bequem zu Fuß erreichen – angesichts des Mangels an öffentlichen Verkehrsmitteln in der damals viert- und heute mit 989 500 Einwohnern drittgrößten Stadt Kaliforniens ein wesentlicher Vorteil.

Nach Erledigung der Formalitäten wurde Eduard Baskakow aus dem Schlaf geklopft. Der Mitarbeiter des New Yorker TASS-Büros war für die Eröffnungswoche des Prozesses »herübergekommen«. Er freute sich über das Eintreffen eines Reporters aus der DDR. Der sowjetische Journalist, das spürte ich auf den ersten Blick, strahlte eine unerschütterliche Ruhe aus. In den USA sei es für »Korrespondenten unseres Schlages« wohl das Wichtigste, sich durch nichts und niemanden provozieren oder aus dem Gleichgewicht bringen zu lassen, bedeutete mir Eduard später in einem jener langen Gespräche, die uns zu Freunden machten. Schlagfertig und humorvoll, prinzipienfest in wesentlichen Dingen und großzügig, wenn es um Fragen von zweitrangiger Bedeutung ging, erwarb sich Baskakow Sympathie auch bei Leuten, die nicht auf seiner Seite standen, Sachlichkeit und Fairness dieses Mannes aber achteten. Nicht zufällig war er einer der gefragtesten Interviewpartner.

IN DER SICHERHEITSZONE

Am Morgen des 28. Februar gingen wir zum Behördenzentrum. Inmitten gepflegter Grünanlagen mit englischem Rasen standen die Gebäude des Stadtrats sowie der Justizkomplex mit Gericht, Polizeihauptquartier und Gefängnis. Hier befand sich die eigens für den Davis-Prozess geschaffene, von drei Meter hohen Stahlgitterzäunen umgebene Sicherheitszone.

An diesem Morgen waren zahlreiche Bewaffnete auch außerhalb des Areals postiert. Auf einige der vor dem Polizeipräsidium parkenden Limousinen hatte man automatische Waffen montiert. Nicht weniger als vierzig Hilfssheriffs – Burschen mit hochmütigen Gesichtern, blitzenden Patronen im Westerngürtel, an den Hüften baumelnden Colts und umgehängten Sprechfunkgeräten – gehörten der Sonderformation für den Davis-Prozess an. Die Bildung dieses Elitepolizeikorps war ein Teil jenes Szenariums, welches darauf abzielte, in der Öffentlichkeit den Eindruck zu erwecken, die Angeklagte sei von der Gefährlichkeit einer Amokläuferin.

Schon von weitem sah man die Schlange der Geschworenenanwärter vor dem Hintereingang des Flachbaus, in dem sich der Gerichtssaal befand. Wie Zuhörer und Presseleute mussten sich auch die hundertsechzehn Jurykandidaten einer gründlichen Leibesvisitation unterziehen. Übrigens waren sie von hundertfünfzig ins Auge gefassten Bürgern, die als eingetragene Wähler des Santa Clara County zum Geschworenendienst gesetzlich verpflichtet werden konnten, übriggeblieben, nachdem sich einige Dutzend der ursprünglich »Aufgebotenen« als verstorben oder seit Jahren verzogen erwiesen hatten.

Während Hunderte von Journalisten bereits durch das von mehreren Polizisten »abgesicherte« Gittertor zum unterirdischen Pressezentrum drängten, musste ich zunächst die Akkreditierungsformalitäten erledigen. Der feierliche Akt sollte im Sheriffsamt stattfinden. Das in Kabinen unterteilte Großraumbüro ähnelte verblüffend den Polizeihauptquartieren amerikanischer Krimis. Leutnant Tamm, der für die Journalisten-»Betreuung« zuständige Offizier, befand sich nicht in seinem Glaskasten. So bot sich Gelegenheit, sein »Arbeitskabinett« in Augenschein zu nehmen. Der schmucklose Raum war nur mit einem Plakat dekoriert. Es zeigte einen Schweinskopf mit dunkelblauer Polizeimütze, Schlips und Uniformkragen. »Pig is beautiful« stand darunter – Schweinsein ist schön. Es war klar, worauf das Poster anspielte: Damals bezeichneten Gruppen der afroamerikanischen Befreiungsbewegung die schieß- und prügelwütigen Rassisten im Polizeidress als »pigs« – Schweine.

Auf der Suche nach Tamm zogen wir hier und dort Erkundigungen ein. Die Tür zu einer der Chefkabinen des Sheriffhauptquartiers war weit geöffnet. Niemand erhob Einwände – jedenfalls zunächst –, als ich das kleine Stoffrechteck fotografierte, das an der Wand zwischen zwei Fenstern befestigt war. Das Motiv hatte ich bereits an den Heckscheiben vor dem Büro parkender Limousinen gesehen. Es handelte sich um die Südstaatenflagge – jetzt dient sie nicht zuletzt dem Ku-Klux-Klan als Erkennungszeichen.

Bevor ich in den Besitz meines Reporterausweises gelangte, ging es noch zur erkennungsdienstlichen Behandlung. Wer aus dem »Kernland der Pressefreiheit« berichten wollte, musste sich nämlich erst einige Male mit einer Spezialkamera fotografieren lassen und anschließend alle zehn Finger für die Verbrecherkartei des FBI schwarz machen.

Als ich mich mit Watte und Azeton um die Säuberung meines besonders tief geschwärzten Daumens bemühte, drangen plötzlich Laute an mein Ohr, die, wie es schien, ehrliche Freude ausdrückten. Eine honigsüße Stimme, deren Besitzerin sich gerade auf die FBI-Sonderbehandlung vorbereitete, rief uns aus einigen Metern Entfernung über den Korridor zu: »Sie sind doch Landsleute, wenn ich mich nicht täusche, Deutsche. Das ist aber schön.« Wir grüßten artig. »Machen wir uns gleich miteinander bekannt«, sagte die nicht mehr junge Dame überschwänglich. »Ich bin Gitta Bauer von Springers Auslandsdienst.« Sie lächelte voller Stolz auf das »Renommee«, das sich mit dem in aller Welt bekannten Namen ihres Brotherrn verband.

Gleich wird das Vergnügen zum Verdruss, dachte ich. »Oh, das trifft sich aber gut, gnädige Frau.« Ich nannte meinen Namen und fügte der Vollständigkeit halber hinzu: »›Neues Deutschland‹, Deutsche Demokratische Republik, Berlin.« Die aufkeimende Sympathie welkte in Sekunden dahin. Die New York-Korrespondentin der Springer-Presse, die während des ganzen Prozesses trotz geheuchelter »Objektivität« nicht müde wurde, Angela Davis als »des Menschenraubs, des Mordes und der Verschwörung angeklagte schwarze Marxistin« zu bezeichnen, ließ ihrem Ärger über das Auftauchen eines DDR-Reporters schließlich in den Spalten der Westberliner »Morgenpost« und anderswo freien Lauf.

Eine halbe Stunde vor Beginn der ersten Sitzung des Davis-Prozesses händigte mir Leutnant Tamm, ein unscheinbarer junger Mann mit Goldrandbrille, den Sonderpass für die Sicherheitszone aus. Zwei Dinge sprangen sofort ins Auge: ein breitgewalzter Fingerabdruck und die Eintragung »Cau«. Wie ich erfuhr, hieß das Wort ausgeschrieben »Caucasian«. Kaukasisch? Ich war verblüfft – was hatte denn der Davis-Prozess mit dem Elbrus zu tun? Das Rätsel ließ sich schnell lösen. Es stellte sich nämlich heraus, dass »Cau« hier nur den sonst üblichen Begriff »weiß« ersetzen sollte. Und statt nach »Race« oder »Complexion« – Rasse oder Hautfarbe – zu fragen, begnügte man sich mit dem unauffälligeren »Description« – Beschreibung. Doch das eine wie das andere zeugte von Diskriminierung.

FÜNFHUNDERT REPORTER AUS ALLER WELT

Da ich zu spät in den Besitz meiner Papiere gelangte, hatte ich keine Chance, der Eröffnungssitzung beizuwohnen. Der Zuschaueranteil des in wochenlanger Arbeit rekonstruierten, durch »Personenschleusen« hermetisch von der Außenwelt abgeschirmten und überdies künstlich beleuchteten Gerichtssaals hatte 71 nummerierte Sitze, von denen 41 – nach offizieller Version – für »Publikum« reserviert waren. Wie sich bald herausstellte, bestand ein festes Kontingent der »Zuhörer« aus FBI-Leuten und Polizisten, die in sämtlichen Hautfarben auftraten. Die 30 Plätze der beiden ersten von insgesamt fünf Reihen mussten sich rund fünfhundert in San José akkreditierte Reporter und Pressezeichner teilen. Fotografieren war im Gerichtssaal strikt untersagt. Täglich zweimal wurden die zum Betreten des Raumes berechtigenden Marken neu vergeben.

Übrigens sollte ich in den folgenden zwei Monaten Glück haben: Wohl nicht ganz zufällig erhielt ich als meist einziger

Berichterstatter aus dem sozialistischen Teil der Welt fast jeden Tag die Möglichkeit, in den Gerichtssaal zu gelangen. Offenbar hatten die Polizisten, die am Empfangstisch im »Pressebunker« die Einteilung vornahmen, Befehl, mir den Eintritt nicht zu verwehren. Vermutlich war auch dieses Entgegenkommen Teil von Bemühungen, mich vom »fairen Verlauf des Prozesses« zu überzeugen. Überdies erhielt ich – ganz im Unterschied zu meinen amerikanischen Kollegen – meistens denselben Sitz zugewiesen. »Dein Stuhl ist bestimmt ›verwanzt‹«, machte mich bald ein mit den Praktiken vertrauter lokaler Zeitungsmann auf eine mögliche Ursache solcher Sesshaftigkeit aufmerksam. Schon bevor ich überhaupt erschien, schrieb man die Buchstaben »ND« und meine »Stammnummer« auf jene schwarze Tafel, von welcher täglich abgelesen werden konnte, wer jeweils zu den dreißig »Saalreportern« gehörte. Die weniger Begünstigten mussten sich in dem zum »Ersatzgerichtssaal« umfunktionierten Kellerraum unter dem Stadtgerichtsgebäude vor einem Fernsehmonitor zusammendrängen, der durch eine an der Decke aufgehängte, den Prozess automatisch aufnehmende »Kaufhauskamera« bedient wurde. Man konnte trotz Totaleinstellung und unzureichender Akustik das Wesentliche des Geschehens auch am Bildschirm verfolgen.

Wie ein britischer Butler verkündete der Gerichtsdiener den Eintritt des Vorsitzenden. Nach dem Zeremoniell eröffnete Richter Arnason, der hoch über den Parteien und Beteiligten in seinem Schaukelstuhl hin- und herwippte, die Hauptverhandlung. Er begrüßte die den Ablauf der Ereignisse zunächst in einem separaten Raum ebenfalls am Monitor erlebenden Juryanwärter, den als »Volk von Kalifornien« und später nur noch als »Volk« titulierten Anklagevertreter Albert Harris, die vier Anwälte von Angela Davis und die zugleich als Verteidigerin in eigener Sache auftretende Angeklagte. Dann beauftragte Arnason den Sekretär des Gerichts, aus einem Glasbehälter zwölf Namen zu ziehen. Nachdem die ausgelosten Kandidaten ihre Plätze hinter der vom übrigen Saal durch eine eichene Balustrade getrennten Jurybox eingenommen hatten, wurden sämtliche Geschworenenanwärter – die bereits anwesenden und somit in die engere Wahl gezogenen als auch die vorerst noch wartenden – für die bevorstehende Befragung vereidigt.

Am 28. Februar herrschte im Bunker der Journalisten ein kolossales Gedränge. »Der Prozess gegen Angela Davis hat begonnen, und, wie es im Lied heißt, die ›ganze Welt schaut zu‹«, kommentierte der »San Francisco Chronicle« am darauffolgenden Tag den Vorgang. Es sei der »kommunistischen Propaganda« gelungen, »Angela Davis zu einer Jeanne d'Arc unserer Tage zu machen«, giftete der Reporter.

Sehr bald stellte ich fest, dass die Vertreter der US-Medien in verschiedene Gruppen zerfielen. Für die meisten von ihnen, entnahm ich den Gesprächen ringsum, verbanden sich mit dem »Fall Angela Davis« lohnende Aufträge. Das galt besonders für die großen Fernsehstationen, Agenturen und Zeitungen, deren Berichterstatter für die Dauer des Prozesses »Monatsgagen« bis zu 10 000 Dollar kassierten.

Journalisten dieser Art engagierten sich weder für noch gegen die Angeklagte, sondern betrachteten das Ganze als rein kommerzielle Angelegenheit. Sie setzten ausschließlich auf Sensationen, Höhepunkte und Überraschungen. Gegenüber Ausländern, die sie nicht als Rivalen zu fürchten hatten, waren sie meist kollegial, freundlich und auf ihre Weise sogar »objektiv«. Der »American Way of Life« müsse allen – der einheimischen Nazipartei wie den Kommunisten, dem Ku-Klux-Klan wie der afroamerikanischen Befreiungsbewegung – ein »faires Spiel« gestatten, meinten sie, ohne allerdings die Frage zu beantworten, warum die einen verfolgt wurden und die anderen ungeschoren davonkamen. Ganz abgesehen davon, dass es ein solches Fair Play im monopolkapitalistischen Amerika schon deshalb nicht geben konnte, weil Geld, Macht und Mittel der Einwirkung allein auf der rechten Schale der Waage lagen.

Die zweite Gruppe von »Kollegen«, mit denen man in San José zusammentraf, waren Gitta Bauers amerikanische Artgenossen. Nicht besonders zahlreich, aber bösartig und zu jeder Verdrehung von Tatsachen bereit, suchten sie auf Schritt und Tritt ihre

Gier nach antikommunistischen »Enthüllungen« zu befriedigen. Vor Burschen dieses Schlages musste man auf der Hut sein. Schließlich begegnete man im Pressezentrum auch bürgerlichen Zeitungsleuten, die ihre ethischen und moralischen Vorstellungen nicht über Bord geworfen hatten. Zu ihnen rechnete ich seriöse Reporter wie Mrs. Audrey Doughty vom Magazin des Christlichen Vereins Junger Frauen (YWCA).

Prinzipiell anders geartet waren natürlich die Beziehungen zu den Freunden, die den Davis-Prozess als Beobachter der New Yorker »Daily World« und der an der Westküste wöchentlich herauskommenden »People's World« – der beiden Zeitungen der KP der USA – verfolgten. »Daily World« wurde durch George Morris, einen Altmeister revolutionärer Publizistik in den Vereinigten Staaten, vertreten, dessen Ansehen als bestinformierter Gewerkschaftsreporter des Landes nicht einmal seine Gegner in Zweifel zogen. George, der als ganz junger Mann zur Partei gekommen war, hatte schon für Sacco und Vanzetti, die Rosenbergs und viele andere gekämpft, die von Amerikas Justizmaschine in Schauprozessen abgeurteilt und anschließend hingerichtet wurden. Reich an Erfahrungen, Zeuge so mancher Siege und auch Niederlagen, besaß der alte Frontsoldat des Klassenkampfs das richtige Augenmaß für die Dimensionen des gegen Angela Davis gerichteten Komplotts.

AKTEURE UND STATISTEN

Während der Mittagspause kam es im Hof der Sicherheitszone zu einem Auflauf. Kurz zuvor hatte Stephanie Allan von einem Mauervorsprung aus bekanntgegeben, Angela Davis werde in Begleitung ihrer Familie den Hof überqueren. An der Seite ihrer Mutter und ihrer drei jüngeren Geschwister trat Angela ins Freie. Die Reporter flitzten aufgeregt hin und her. Fernsehkameras wurden eingeschwenkt, Mikrofone geöffnet, in den Sprechfunkgeräten der Polizisten überschlugen sich die Anweisungen.

Angela sah trotz des dunklen Teints blass aus. Es hieß, sie habe in der Haft über 20 Pfund Gewicht verloren. Doch sie ließ sich ihre körperliche Schwäche nicht anmerken. Ihre Haltung war aufrecht, ihr Gang fest, ihre Gesten wirkten sicher und entschlossen. Freunde und Verteidiger umgaben sie. Die Pressemeute umlagerte Angelas Mutter Sallye Davis sowie ihre Brüder Reginald und Ben – der eine Student, der andere Verteidiger bei den Cleveland Browns, einer Fußballmannschaft der US-Nationalliga.

Angelas jüngere Schwester Fania kannte ich bereits seit acht Jahren. 1964 hatte ich in der Urlaubszeit eine Gruppe junger Amerikaner betreut, die zur »Erkundung« der DDR und anderer sozialistischer Staaten aufgebrochen waren. Im Rahmen eines »Ost-West-Studienprogramms«, für das die religiöse Vereinigung der Quäker verantwortlich zeichnete, sollten die Studenten und Schüler Wissenswertes auf den verschiedensten Gebieten des politischen, ökonomischen und kulturellen Lebens der besuchten Länder zusammentragen. In der gemischten Reisegesellschaft befanden sich neben ausgesprochenen Gegnern des Sozialismus auch aufgeschlossene junge Leute. In ihrer Mitte fielen uns zwei lebhafte und gut gewachsene afroamerikanische Mädchen auf, die Birmingham in Alabama als Geburtsort angaben. Eins von ihnen hieß Karen, das andere Fania. Als Angelas Schwester später im Rahmen der internationalen Verteidigungskampagne eine Europatour unternahm und dabei auch in die DDR kam, interviewte ich sie. Bei dieser Gelegenheit stellten wir fest, dass wir alte Bekannte waren.

Von Reportern umringt wurden auch die vier Davis-Anwälte: Howard Moore, Doris Walker, Leo Branton und Margaret Burnham. Sie waren nicht auf einmal, sondern erst nach und nach zum Verteidigerteam gestoßen. Nur die junge Afroamerikanerin Margaret Burnham, eine Jugendfreundin Angelas, die inzwischen selbst Richterin ist, hatte sich bereits in New York um den Fall gekümmert.

Howard Moore, ein mit der Bürgerrechtsbewegung eng verbundener Strafverteidiger aus Atlanta (Georgia), war von der

Nationalkonferenz Schwarzer Rechtsanwälte empfohlen worden. Als hochgewachsener, stattlicher Mann mit breiten Schultern, etwa 40 Jahre alt, verstand sich Moore hervorragend auf einen Vertrauen schaffenden Umgang mit dem Richter, den Geschworenen und den Zeugen. Wenn sich der recht hellhäutige Anwalt mit der gepflegten Afrohaartracht, dem sorgfältig gestutzten Kinnbart und den großen tiefbraunen Augen von seinem Platz erhob, um eine Frage zu stellen, Einspruch einzulegen oder dem Gericht einen Antrag zu unterbreiten, tat er es stets ruhig, gelassen und elegant.

Doris Walker, die in San Francisco lebende Witwe des marxistischen afroamerikanischen Publizisten Mason Robertson, hatte in den Jahren der antikommunistischen Hexenjagd Senator McCarthys nicht wenige Opfer der Gesinnungsjustiz mutig verteidigt. Später war sie zur Präsidentin der Vereinigung fortschrittlicher Anwälte gewählt worden.

Auch Leo Branton aus Los Angeles gehörte zu jener zahlenmäßig kleinen Garde unbestechlicher amerikanischer Juristen, die selbst in den finstersten Zeiten der Verfolgung Richtern wie Anklägern tapfer entgegentraten. Branton war ein außergewöhnlicher Mann, vielleicht der beste Anwalt, den ich je in Aktion gesehen habe.

Lange nach dem Prozess äußerte die Geschworene Mary Timothy über die Talente dieses Verteidigers folgende Ansicht: »Seine Fähigkeit, Ton und Stimmung des Gerichts zu kontrollieren, war fantastisch. Er war sich jeder Sache bewusst, die im Saal vor sich ging, und dazu fähig, sie zu interpretieren, fast sofort auf sie zu reagieren. Immer höflich, pflegte er die Aussage eines Anklagezeugen mit der sich entschuldigenden Bemerkung zu unterbrechen, ›nur ganz schnell eine klärende Zwischenfrage aufwerfen‹ zu wollen oder ›die Dinge durch Unterstellen der Wahrheit eines Vorgangs etwas zu beschleunigen‹. Er unterbrach niemals so oft, um den Richter zu einer Rüge an ihm zu veranlassen, doch stets so häufig, um Mr. Harris davon abzuhalten, die Kontinuität der Story zu bewahren, die er gerade zu entfalten versuchte.«[4]

Natürlich hatte auch Albert Harris sein Publikum. Der Vertreter des »Volkes von Kalifornien«, dessen narbiges, ein wenig gedunsenes Gesicht stark gerötet war, gab sich optimistisch. Er werde ohne Zweifel am Ende des zu erwartenden Marathonprozesses der Sieger sein, behauptete er. Dem stets korrekt konservativ gekleideten Ankläger und dessen aktentaschentragendem, gesichtslosem Assistenten Clifford Thompson huldigten vor allem jene Reporter, für welche schon vor Beginn der Beweisaufnahme feststand, dass Angela Davis als »gefährliche Kommunistin für immer aus der Gesellschaft des Landes verbannt werden« müsse.

Am Vormittag des 29. Februar – 1972 war ein Schaltjahr – fand ich mich rechtzeitig im Bunker ein, um einen der drei für die Auslandspresse bestimmten Plätze im Gerichtssaal zu erhalten. Nachdem ich etwa eine halbe Stunde in der Schlange zugebracht hatte, die sich jeden Tag zweimal vor der Personenschleuse bildete, wurde ich wie die übrigen Prozessbeobachter mit dem Ritual der Durchsuchung vertraut gemacht. Zunächst musste der gesamte Jacken- und Hosentascheninhalt in eine Plastikwanne geschüttet werden. Zwei schnippische Polizistinnen mit Puppengesichtern, die hautenge Uniformblusen und Miniröcke trugen, durchsuchten Brieftaschen, Geldbörsen und Brillenetuis. Nach dem in vorgegebenem Tempo erfolgten Durchschreiten der Metalldetektorpforte fand die abschließende Leibesvisitation statt.

Bei dieser Gelegenheit lernte ich einen jungen Hilfssheriff kennen, der sich von den übrigen Angehörigen der Sondertruppe durch bescheidenes Auftreten und gute Manieren unterschied. Er hieß Wesley Bolling und war der einzige Afroamerikaner unter den Polizisten. »Bitte verstehen Sie, dass es nicht mein freier Wille ist, Sie zu belästigen, Sir«, erklärte er mir liebenswürdig. Während die weißen Beamten Neugier zeigten und das Gespräch suchten, vermied es Wes Bolling während des ganzen Prozesses, mit irgendeinem Reporter in engeren Kontakt zu kommen. Doch man merkte ihm an, dass ihn die Dinge nicht kalt ließen.

Das Sicherheitsspektakel setzte sich im Gerichtssaal fort. Überall waren bewaffnete Hilfssheriffs postiert. Selbst während der Verhandlung konnte man die Anweisungen und »Informationen« mithören, die sie über ihre Sprechfunkgeräte erhielten. Sobald irgendjemand den Saal verließ, wurde der nächste Posten so laut wie möglich über das »Vorkommnis« unterrichtet. Jedes optische und akustische Detail war genau berechnet und zielte auf Wirkung. Geschworene wie Zeugen sollten beeinflusst werden und glauben, nur »einer so gefährlichen Verbrecherin wie Angela Davis« begegne man mit solcher »Vorsicht«. Es war perfektes Theater. Aber die Veranstalter des monströsen Prozesses waren nicht unter sich. Auch das andere Amerika hatte sich Zugang verschafft. Nicht allein durch die Angeklagte, ihre Anwälte und Gehilfen, sondern auch auf vielen der Zuschauerplätze war es vertreten.

An diesem Tag trug ich wie die meisten der Anwesenden eine Plakette mit der Aufschrift »Free Angela«. Ich legte sie allerdings ab, nachdem Leutnant Tamm zwei Tage später die angeblich vom Richter stammende Entscheidung bekanntgegeben hatte, das Tragen von Abzeichen zugunsten der Angeklagten sei ab sofort in der gesamten Sicherheitszone verboten. Während die Polizisten einerseits streng auf die Einhaltung dieser Weisung achteten, unternahmen sie andererseits nichts, als eine weiße Rassistin mit der Südstaatenflagge am Jackenärmel im Gerichtssaal erschien.

DAS »RECHT«, GESCHWORENER ZU SEIN

Die Auswahl der zwölf Mitglieder und vier Ersatzleute für die Jury erwies sich als ein komplizierter Vorgang, der mehrere Wochen in Anspruch nahm. Die jeweils durch Los ermittelten Anwärter auf einen Platz in der »Box« wurden dem »Voir Dire« – einer eingehenden Befragung durch beide Seiten – unterzogen. Anklage wie Verteidigung hatten das Recht, bis zu zwanzig Kandidaten ohne nähere Begründung durch Veto auszuschließen. Überdies musste der Richter solche Geschworenenanwärter entlassen, deren Voreingenommenheit offensichtlich war.

Schon in den ersten Prozesstagen blieb von der Legende, jeder Amerikaner könne an der Rechtspflege seines Landes teilhaben, nichts übrig. Zunächst fiel auf, dass eine stattliche Anzahl möglicher Geschworener nicht bereit war, an einem politisch brisanten Prozess mitzuwirken. So äußerte der Briefträger Clifford R. Defayette: »Ich würde in meinem Beruf zweifellos auf Leute stoßen, die meiner Entscheidung feindlich gegenüberstünden. Wenn jemand im öffentlichen Dienst nicht das tut, was von ihm verlangt wird, kann er seinen Job verlieren oder strafversetzt werden.«

In den meisten Fällen lehnten die Unternehmen, darunter selbst große Konzerne, es ab, den Lohn zu Geschworenen ernannter Firmenangehöriger für die Dauer eines langwierigen Prozesses zu zahlen. Zum Beispiel war die Southern Pacific Railroad so »großzügig«, einem seit 20 Jahren bei ihr tätigen Eisenbahner, der für die Jury in Betracht gezogen wurde, kurz und bündig mitzuteilen, sie komme lediglich für zwei Wochen auf. Die den Geschworenen von der Justiz in Aussicht gestellte Entschädigung betrug aber nicht mehr als fünf Dollar je Verhandlungstag. Das reichte schon 1972 kaum fürs Essen. Außerdem gab es bei Unterbrechungen manchmal eine ganze Woche lang keinen Cent. »Ich kann das Geld für vier bis sechs Monate nicht aufbringen«, begründete der Arbeiter William Berg seine Bitte, aus dem Kreis der Kandidaten auszuscheiden. Hinzu kam, dass nicht wenige Juryanwärter davor bangten, der Betrieb könnte ihre Arbeitsplätze bei längerer Abwesenheit anderweitig besetzen.

So ergab sich, dass nahezu sämtliche Lohnarbeiter und kleinen Angestellten, die durch das Spiel des Zufalls auf die Liste der Geschworenen geraten waren, rasch wieder von dieser verschwanden, nachdem der Richter, dem die Lohnausfallbescheide vorgelegt werden mussten, ihrer Entlassung zugestimmt hatte. Auch die meisten Rentner aus Arbeiterkreisen oder bescheidenen Verhältnissen zogen sich zurück. Die Mehrzahl der jungen Geschworenenanwärter bat darum, durch Richter Arnason von ihrer Staatsbürgerpflicht befreit zu werden. Studenten, deren Eltern jährlich enorme Summen an Studiengebühren aufzubringen hatten oder die ihre Ausbildung durch einen Nebenjob selbst finanzierten, konnten sich den Luxus, ihr Studium wegen des Prozesses um ein oder gar zwei Semester zu verlängern, nicht leisten.

Allein in der ersten Woche wurden so vierzig Anwärter auf die Box, deren Namen noch nicht gezogen worden waren, nach Hause geschickt, was die soziale Schichtung der verbleibenden Geschworenen von Grund auf änderte. Während der Befragung schieden dann weitere dreißig Kandidaten mit ähnlicher Begründung aus.

Der wenigen Angehörigen nationaler und rassischer Minderheiten, die überhaupt in Betracht gekommen waren, entledigte sich der Staatsanwalt auf andere Weise. Von zwei Afroamerikanerinnen, die anfangs im Wartezimmer gesessen hatten, erreichte nur eine den Gerichtssaal. Man sah sie für einige Tage auf der Bank der Geschworenen. Es handelte sich um Mrs. Janie Hemphill. Etwas über 30 Jahre, schilderte sie dem Gericht ihre »Karriere« – den typischen Weg einer schwarzen Frau in den USA. Als Zwölfjährige sei sie Baumwollpflückerin geworden, später habe sie als Babysitter, Dienstmädchen, Garküchenfrau und Tellerwäscherin gearbeitet. Als sie mit ihrem Mann, der Bauarbeiter gewesen sei, einen bescheidenen Ausschank habe eröffnen wollen, hätte es bald Schwierigkeiten gegeben. Obwohl es Janie Hemphill vermied, politische Äußerungen zu machen, unterstellte Harris, dass sie »automatisch« auf der Seite einer schwarzen Angeklagten stehe, und warf sie durch sein drittes Veto aus der Jury. Zuvor hatte er die Box bereits von zwei weißen Frauen »gesäubert«. Es handelte sich um Mrs. Ruth A. Ruth, die erklärte, »die Befreiung der Afroamerikaner« hätte in den USA »schon vor hundert Jahren erfolgen müssen«, und Mrs. Alice P. Evarts, von der Angelas Entlassung durch die UCLA »unfair« genannt wurde.

Der Ankläger verhinderte übrigens später auch die Aufnahme der Indianerin Eunice Hewitt als Ersatzkandidatin in die Jury. Im Voir Dire hatte die füllige und energische Frau Verständnis für Angelas Flucht bekundet und erklärt: »Wir Indianer hätten an ihrer Stelle auch nicht anders gehandelt.« Als Mrs. Hewitt überdies feststellte, die Unterdrückung in den Vereinigten Staaten sei »keine Erfindung der Minoritäten, sondern die Wirklichkeit jedes neuen Tages«, war Harris am Ende seiner Geduld. Kurzerhand entzog er der einzigen Repräsentantin Dutzender im Santa Clara County vertretener Indianerstämme das Recht, Geschworene zu sein.

Nachdem das Schüttelsieb auf solche Weise eine ganze Weile betätigt worden war, blieben für die eigentliche Juryauswahl vorwiegend Weiße im mittleren Alter übrig, die den bessergestellten sozialen Schichten angehörten oder in gesicherter Position bei zahlungsbereiten Konzernen arbeiteten.

Doch kehren wir noch einmal zur Anfangsphase des Prozesses zurück. Die Situation, in der ich mich seit meiner Akkreditierung befand, glich einem Dasein auf dem Präsentierteller. Ich hatte mich noch keine Stunde im Bunker aufgehalten, als bereits die ersten Interviewwünsche geäußert wurden. Wie sollte ich darauf reagieren? Natürlich war ich als Berichterstatter nach Kalifornien geflogen und mir bewusst, dass diese Aufgabe höchste Konzentration erforderte. Andererseits hatte ich meine Zulassung zum Davis-Prozess nicht zuletzt der Kraft der weltweiten Solidaritätsbewegung für Angela zu verdanken. Ich glaubte, es könnte von Nutzen sein, die amerikanische Bevölkerung über das Ausmaß der internationalen Kampagne zu unterrichten. Eduard Baskakow, den ich fragte, wie er sich verhalten würde, riet: »Gib keine formellen Interviews, beantworte nur ihre Fragen.« Am vierten Prozesstag brachte der »San José Mercury« – das erste Blatt am Ort – eine Reportage seines Mitarbeiters Rick Carroll. »Der erste ostdeutsche Journalist« habe »Amerikas diplomatische Sperrmauer durchbrochen«, hieß es in der Sensationsstory. Gut hatte Carroll unseren Dialog über die Unterschiede des Lebens in den USA und der DDR wiedergegeben. »Er ist nicht beeindruckt«, schrieb der »San José Mercury«. »›Ich fand, was ich erwartete‹, sagte er. ›Bei Ihnen gibt es schöne Swimmingpools, bessere Autos und großzügiger ausgestattete Warenhäuser, aber wir haben das bessere Gesellschaftssystem.‹«

Schon im Gespräch mit Rick Carroll war von mir ein Thema aufgeworfen worden, das mich auch in den nächsten Tagen noch beschäftigen sollte. »Ich habe gehört, San Francisco sei die schönste Stadt der Welt, und ich würde sie natürlich gerne sehen«, hatte ich dem Mann vom »SJM« anvertraut. »Doch leider hat man meine Bewegungsfreiheit auf den Umkreis von San José beschränkt.«

Nicht nur dieses Blatt unterstrich den kleinen Nebensatz, sondern auch der einflussreiche »San Francisco Chronicle«, die führende Zeitung der Großbourgeoisie Nordkaliforniens. Ihr Kolumnist Herb Caen hob hervor, »die ganze Welt« sei »beim Davis-Prozess vertreten«. »Sogar ein Korrespondent des führenden ostdeutschen Blattes« befinde sich am Ort. »Wie dem auch sei: Klaus wird nicht viel von der Gegend zu sehen bekommen«, rügte Caen. »Seine Bewegungsmöglichkeiten beschränken sich auf San José.« Schließlich musste ich auch noch einen Reporter von NBC – einem der drei über gesamtnationale Sendekapazitäten verfügenden Fernsehnetze der USA – in das Problem einweihen. Was sollte ich tun, als er mir bei laufender Kamera dringend einen Besuch in San Francisco empfahl?

Mir brachte die von der amerikanischen Presse beanstandete Begrenzung meiner Bewegungsfreiheit auch Annehmlichkeiten ein. Da war zum Beispiel ein Brief, den ich schon bald nach Beginn des Prozesses unter meiner Zimmertür im »Vagabond« fand. Auf einem Kopfbogen des San José State College stellte sich ein Herr namens Kenneth Parker vor. Er sei ein in London lebender schwarzer südafrikanischer Emigrant und halte gegenwärtig in der Stadt des Davis-Prozesses als Gastprofessor Vorlesungen. Übrigens habe er schon 1964 mit einer Delegation des Afrikanischen Nationalkongresses die DDR besucht und dort viele Freunde gefunden. Herb Caens Kolumne sei zu entnehmen gewesen, dass ich San José nicht verlassen dürfe. Um mir etwas Abwechselung zu verschaffen, luden er und seine in Südfrankreich gebürtige Frau mich zum Dinner ein. Ich nahm Kens freundliches Angebot ohne Bedenken an und begegnete prächtigen Menschen.

Bald darauf führte ich ein interessantes Gespräch mit Leutnant Tamm, der – wie ich vermuten musste – nicht unbedingt einen Narren an mir gefressen hatte. »Sie erzählen da überall herum, dass Sie San José nicht verlassen dürfen«, ging mich der Pressevormund des Sheriffsamts von der Seite an. Auf die gleiche Art war ich tags zuvor bereits von ihm darauf hingewiesen worden, ich hätte unzulässigerweise mit Angela Davis im Gerichtssaal zu sprechen versucht. »Erstens war es in einer Pause, und zweitens handelt es sich bekanntlich um eine Angeklagte auf freiem Fuß«, gab ich Tamm zu verstehen.

Ich überlegte, wie ich auf die neuerliche Nörgelei reagieren sollte. »So wurde ich bei der Visa-Erteilung instruiert«, stellte ich die Sache richtig. Doch Tamm ließ es nicht dabei bewenden. »Ich habe heute mit einem Freund im State Department gesprochen«, gab er sich bedeutsam. »Er hat mich wissen lassen, dass Ihre Bewegungsfreiheit keinerlei Beschränkungen unterliegt.«

Das war eine Überraschung. So sagte ich: »Eine sehr erfreuliche Botschaft, Mister Tamm. Darf ich Sie bitten, mir das schriftlich zu geben.« Der junge Offizier zuckte mit den Achseln. »Bedaure, dazu bin ich nicht befugt.«

Was sollte ich tun? Immerhin musste man damit rechnen, dass es sich um eine Falle handelte. »Dann – vielen Dank«, winkte ich ab. »Das ist mir zu abenteuerlich.« Tamm entnahm seiner Brieftasche eine Visitenkarte. »Sollte es irgendwo Schwierigkeiten geben, genügt es, hier anzurufen«, sagte er.

Als das Gericht bald darauf eine zweitägige Verhandlungspause einlegte, nahm mich ein Bekannter in seinem Wagen nach San Francisco mit. Nach der Normalisierung meiner Aufenthaltsbedingungen lag mir nun daran, auch die Visa-

Angelegenheit in Ordnung zu bringen. Von den Beamten des Einwanderungs- und Naturalisierungsdienstes, einer Abteilung im US-Justizministerium, die mehrere Etagen eines Wolkenkratzers in der Sansome Street Nr. 630 belegte, wurde ich korrekt behandelt.

»Schauen Sie, ich nehme als Reporter am Prozess gegen Angela Davis teil«, erklärte ich der schwarzen Angestellten, die hinter einem Schalter ihren Dienst versah. »Mein Visum ist leider auf nur drei Wochen befristet, aber die Sache dauert weit länger, als ich ursprünglich erwartet hatte. Können Sie mir vielleicht einen Rat geben?« Die junge Dame zeigte Verständnis. »Ja, das konnten Sie wirklich nicht voraussehen«, sagte sie freundlich und reichte mir nach kurzer Beratung mit ihrem Vorgesetzten ein Formular. »Füllen Sie das bitte aus, und stellen Sie sich dann noch einmal vor Schalter zwei an. Macht zehn Dollar.« Ich tat, was man mir empfohlen hatte, und beantragte zunächst eine Verlängerung um sechs Wochen. Nach ein paar Minuten Schlangestehen war alles erledigt.

VERTEIDIGUNG »GRILLT« KANDIDATEN

In San José ging das »Grillen« der Geschworenenkandidaten weiter. Angelas Anwälte hatten für das Voir Dire ein Schema von Fragen entwickelt. Sie wollten wissen, ob sich der Betreffende durch die Kampagne der Massenmedien, die den strafrechtlichen Grundsatz, wonach ein Angeklagter bis zum Schuldspruch und zur Verurteilung als unschuldig gilt, im Fall von Angela Davis missachtet hatten, beeinflusst fühlte.

Die meisten beteuerten, sie seien durch das von der »Öffentlichkeit« vorweggenommene Urteil nicht beeindruckt. Nur einige gaben das Gegenteil offen zu. Ähnlich verhielt es sich mit der von den Anwälten aufgeworfenen »Rassenfrage«. Da es in den USA nicht mehr üblich war, sich offen zum Rassismus zu bekennen, suchte man seine »Vorbehalte« zu verdecken. Nur der Antikommunismus wurde zur Schau getragen.

Als charakteristisch erwies sich das Auftreten des Hilfsmanagers der Southern Pacific Transport Company Robert McCarthy. »Seit wann war Ihnen der Name Angela Davis eigentlich bekannt?«, fragte ihn Howard Moore. »Seitdem man sie bei der UCLA rausgeschmissen hat«, erwiderte er. »Wissen Sie auch, was der Grund für die Entlassung von Miss Davis gewesen ist?« McCarthy antwortete wie aus der Pistole geschossen: »Ja natürlich, ihre Zugehörigkeit zur KP.« Moore: »Halten Sie das für einen die Angeklagte belastenden Umstand?« Darauf McCarthy: »Nein, aber … die Kommunistische Partei bedroht unsere Gesellschaft. Deshalb sollten ihre Mitglieder nicht das Recht haben, in den Vereinigten Staaten Philosophie zu lehren.«

Harris, der besonderes Interesse bekundete, McCarthy in der Jury zu sehen, drängte diesen zu der Erklärung, er könne dennoch »ein guter und unparteiischer Geschworener werden«.

Doch die Verteidiger behielten den Mann im Schwitzkasten. »Wie reagieren Sie auf die Sicherheitsvorkehrungen?«, wurde er gefragt. »Man hat eine ganze Menge Geld ausgegeben«, wich McCarthy aus. »Fühlen Sie sich durch die Rasse von Angela Davis beeinflusst?« Das bereitwillige »Nein!« des Kandidaten löste unter den schwarzen Zuhörern ein bitteres Lachen aus. »Sind Sie durch die Tatsache beeindruckt, dass der Staatsanwalt nicht weniger als hundertvier Zeugen, darunter mehr als sechzig Polizisten, Gefängniswärter und Mitarbeiter der Justiz aufmarschieren lässt?« Wieder folgte ein wackeres »Nein!«.

Richter Arnason, der seine Ausbildung an der kalifornischen Staatsuniversität in Berkeley erhalten und zunächst als Anwalt gearbeitet hatte, brachte viel Berufserfahrung in den Prozess ein. 1963 – zu Zeiten des der Demokratischen Partei angehörenden Gouverneurs Brown – war er für sein Amt ernannt worden. Jetzt bemühte er sich, »nach bester amerikanischer Richtertradition« um das Image eines über den Parteien stehenden »Schiedsmannes«. So gab er mal der einen, mal der anderen Seite recht, ließ Einsprüche und Anträge gelten oder lehnte sie ab und entschied aufgeworfene Verfahrensfragen mit Sachkenntnis. In der Phase des Kreuzverhörs der Jurykandidaten allerdings hörte der Vorsitzende oftmals weg, wenn sein Einschreiten erforderlich gewesen wäre. So dauerte es lange, bis McCarthy, dessen Befangenheit offensichtlich war, die Jurybox verließ.

Am sechsten Verhandlungstag präsentierte sich der Bauunternehmer Howard Atkinson. Über ihn war der Verteidigung bekannt, dass er sich 1968 für den Präsidentschaftsbewerber der ultrarassistischen Amerikanischen Unabhängigkeitspartei, den danach wieder ins Amt zurückgekehrten Exgouverneur Alabamas, George Wallace, eingesetzt hatte. Übrigens entfielen damals auf die rechtsradikale Gruppierung in San José nicht weniger als 15 Prozent der Stimmen – weit mehr als der kalifornische Durchschnitt.

»Haben US-Bürger das Recht, der Kommunistischen Partei anzugehören?«, wurde Atkinson von Howard Moore in die Mangel genommen. Der Befragte stellte sich zunächst dumm. Von einer solchen Partei habe er noch nie etwas gehört, antwortete er. »Wissen Sie denn auch nicht, wofür die Kommunisten eintreten?«, fragte Moore. Doch, das wusste der Kandidat. Der Kommunismus sei »in bestimmtem Grade schlecht«. Die Leute müssten »für den Staat schuften«, protestierte der Kapitalist gegen »Ausbeutung«. Außerdem wolle »Russland die ganze Welt kontrollieren«. »Auf welche Weise soll denn das geschehen?«, erkundigte sich Moore. »Durch den Sturz fremder Regierungen.«

Nachdem das Frage-und-Antwort-Spiel eine ganze Weile gegangen war, schnürte der Davis-Verteidiger den Sack zu: »Sie sind nicht frei von Vorurteilen, nicht wahr?« Atkinson konnte das nicht leugnen.

Übrigens kam es während dieses Voir Dire zu einer Kontroverse zwischen Moore und Harris. Um die Geschworenen zu beeindrucken, hatte der Staatsanwalt wiederholt drei Worte an eine im Gerichtssaal befindliche Tafel geschrieben: »Menschenraub – Mord – Verschwörung«. Howard Moore schrieb nun seinerseits unter die Anklagepunkte drei andere Worte: »Behauptung – Vermutung – Unterstellung«. Diese verbale

Konfrontation zog sich wie ein roter Faden durch das gesamte Verfahren.

Bisweilen musste die Verteidigung ihre Fragen zur Aufhellung rassistischer und antikommunistischer Vorurteile sowie zum Nachweis offen zutage liegender Polizeikontakte eines Kandidaten gar nicht erst stellen. Freimütig erklärte zum Beispiel Marjorie Morgan, Frau des Inhabers einer Traktorenvertriebsfirma, dass Angela Davis »vermutlich schuldig« sei. »Niemals hätte sie das Recht erhalten dürfen, an der UCLA zu unterrichten.« Es sei »illegal und ungehörig«, ein solches Amt Kommunisten anzuvertrauen. Auch William Wough gab zu Protokoll: »Wenn jemand in Amerika Kommunist sein will, dann soll er sich doch gefälligst dorthin scheren, wo diese Leute herkommen.« Gemeint war vermutlich die Sowjetunion.

Einer der »Allerobjektivsten« im Kreis jener, welche sich erboten, Angela Davis einen »fairen Prozess« zu bereiten, war William Hotaling, Manager beim multinationalen Elektronikkonzern IBM. Er habe ein »Vorurteil« gegen die Kommunistische Partei, weil diese der US-Regierung feindlich gegenüberstehe, teilte der Kandidat am Beginn seiner Einvernahme mit. Dieses »negative« Gefühl richte sich indes nicht gegen Angela Davis, da in ihrem Fall »ja ohnehin nur rein kriminelle Aspekte einer Prüfung unterliegen« würden, beugte Hotaling vor. So könne er versprechen, ein »zuverlässiger Geschworener« zu sein.

An diesem Tag übernahm Verteidiger Leo Branton die Durchleuchtung des zunächst mit hohem Anspruch auftretenden Jurybewerbers. »Haben Sie eigentlich den gleichen Respekt vor Kommunisten wie vor Nichtkommunisten?«, begann Branton das Ringen mit Hotaling. »Ich respektiere Miss Davis«, suchte dieser dem Schulterwurf zu entgehen. »Was veranlasst Sie zu der Annahme, die Kommunisten seien gegen dieses Land?«, fragte der Anwalt weiter. »Ihre Ideen und Ziele sehen den gewaltsamen Sturz der Regierung vor.« – »Haben die Bürger der Vereinigten Staaten etwa nicht das Recht, ihre Regierung zu wechseln?« Hotaling verriet ernste Bildungslücken. »Die

Kommunisten wollen keine Regierung durch das Volk, sondern durch den Staat«, meinte er mit bedeutsamer Miene.

Branton lächelte über solchen Unsinn, doch er ging darüber hinweg. »Haben Sie jemals etwas von weißem Rassismus in den USA gehört?« – »Es gibt so etwas, doch nicht bei uns in Kalifornien.« – »Auch nicht im Santa Clara County?« – »Es bestehen höchstens gewisse Unterschiede zwischen den Rassen …« – »Sie meinen Unterschiede im intellektuellen Niveau?« Hotaling zögerte. »Als Rasse nicht, aber …« Nun verstärkte Branton den Druck: »Unterhalten Sie eigentlich gesellschaftliche Beziehungen zu Schwarzen?« Hotaling überlegte. »Ja«, sagte er dann, »wir hatten einmal eine schwarze Reinemachefrau.«

Darauf anspielend, dass über die Schuld oder Nichtschuld von Angela Davis vermutlich zwölf weiße Geschworene befinden würden, stellte Leo Branton den Jurykandidaten vor die Frage: »Würden Sie, des Menschenraubs, des Mordes und der Verschwörung angeklagt, von zwölf schwarzen Geschworenen beurteilt werden wollen?« Der Anwärter auf die Box hatte Mühe, seine Wut zu unterdrücken. Doch Branton fuhr unverdrossen fort: »Würden Sie wollen, dass Ihren Fall zwölf Kommunisten beurteilen?« Hotaling kochte. Nein, er würde sich nicht von zwölf Kommunisten richten lassen, fauchte er. Das könne schon deshalb nicht sein, »weil man in den ganzen Vereinigten Staaten keine zwölf fair gesonnenen Kommunisten finden« werde. Branton ging noch einen Schritt weiter: »Würden Sie sich, Mister Hotaling, von zwölf schwarzen Kommunisten richten lassen? Oder gar von zwölf schwarzen Kommunistinnen?« Nun war der Mann von IBM am Ende. Doch Richter Arnason sah noch immer keine Notwendigkeit, den Kandidaten zurückzuziehen. Ohne den Tonfall zu ändern, teilte Branton mit, der Juryanwärter sei am Veto der Verteidigung gescheitert.

Während des ersten Abschnitts der Verhandlung stand Angela nicht im Mittelpunkt des Geschehens. Von ihrem Platz zwischen den vier Anwälten beobachtete sie, den Kopf in die

Hand gestützt, die Vorgänge im Gerichtssaal. Sie saß ruhig da, hörte zu und machte sich ständig Notizen. Noch immer recht erschöpft und stark erkältet, schien sie leicht zu frieren. Oft legte sie sich eine wärmende Stola um die Schultern. Allgemein fiel auf, dass sich Angela geschmackvoll zu kleiden wusste. Die bürgerliche Presse nannte sie sogar modebewusst. Vor allem aber war es die gelassene Art der Angeklagten, die absolut nicht zum Bild einer Amokläuferin passte, das die reaktionären Massenmedien von ihr gezeichnet hatten.

In jenen Tagen hatte ich eine interessante Begegnung. Gewöhnlich nahm ein Teil der Reporter das Mittagessen in der Imbissstube des Stadtrats ein. Es war ein billiges Restaurant. Eine als »Riesen-Burger« bezeichnete Bulette mit ein paar Salatblättern und reichlich Pommes frites kostete dort nur einen Dollar.

Eines Mittags wurde ich vor dem Selbstbedienungstresen auf Deutsch angesprochen. »Die Leute wundern sich über ihren Button«, sagte der weißhaarige Herr neben mir und deutete auf den »Free Angela«-Knopf an meinem Jackenrevers. Die Stimme des würdevoll aussehenden Mittsechzigers klang nicht unfreundlich. Offenbar war er schwerhörig, denn er redete recht laut.

»Macht nichts«, gab ich zurück. Der Alte blickte mich verdutzt an. »Begreifen Sie doch, junger Mann: Die Leute sind daran nicht gewöhnt«, unternahm er einen zweiten Anlauf. »Das ist ihr Problem«, wehrte ich wiederum ab. Dann fragte ich: »Mit wem habe ich die Ehre?«, und stellte mich selbst vor. »Woher Sie stammen, weiß ich längst«, setzte mich der Unbekannte in Erstaunen. »Schließlich haben wir ja den ›San José Mercury‹.«

Wir nahmen zusammen Platz, um unsere Riesen-Burger zu verzehren. Er heiße Robert Seidel und sei einige Jahre vor dem Machtantritt der Nazis, der großen Krise wegen, von Deutschland über Dänemark in die Staaten ausgewandert. Hier gelte er deshalb als »Skandinavier«. Ursprünglich Arbeiter, habe er sich im Lauf der Zeit zum Serviceingenieur hochgedient. Nun sei er Rentner. »Nennen Sie mich ruhig Bob«, ermunterte mich mein neuer Bekannter. »Hierzulande ist man weniger förmlich als drüben in Europa.« Er habe mich übrigens nicht angesprochen, um mir wegen des Buttons Vorwürfe zu machen, sondern nur, weil er mich auf die am Ort herrschenden Sitten hinweisen wolle, meinte Bob. Außerdem sei es nicht ganz risikolos, für Angela Davis zu demonstrieren. Schließlich befände ich mich »in einem Land mit vielen Problemen«, einer erschreckend hohen Kriminalitätsrate und tiefen Rassenvorurteilen. Aus Bobs Worten sprach offenbar Sorge. Ich hatte schon davon gehört, dass einem im Santa Clara County so manches zustoßen konnte.

Angela waren unmittelbar vor Prozessbeginn neue Morddrohungen zugegangen. In einer Straße San Josés hatte jemand mit einer Spritzpistole die Losung »Vergast die Niggerin!« angebracht. Und auf Rodney Barnette, den jungen afroamerikanischen Kommunisten, der die Verantwortung für Angelas Sicherheit trug, war erst am 14. Februar aus dem Fenster eines Cafés geschossen worden. Die Kugel verfehlte glücklicherweise ihr Ziel und schlug, in nur anderthalb Metern Entfernung an Rodneys Kopf vorbeizischend, in einen Baum. Dennoch sagte ich zu Bob: »Machen Sie sich keine Sorgen um mich, das geht schon in Ordnung.«

Der Alte erwies sich als gescheiter und aufgeschlossener Mann. Er interessierte sich lebhaft für die Veränderungen »im Osten« seines früheren Vaterlandes. So dauerte es nicht lange, bis er mich zu sich einlud. Bei einem »richtigen deutschen Abendbrot« könnten wir unsere Unterhaltung fortsetzen, schlug er vor. »Auch meine Frau würde sich bestimmt freuen.« Ein so herzliches Angebot abzulehnen, wäre einer Kränkung gleichgekommen. »Gut – abgemacht«, sagte ich zu Bob, als dieser plötzlich noch mit einer Überraschung herausrückte.

»Wenn ich bloß diesen Prozess vom Hals bekäme«, seufzte er. »Was für einen Prozess?«, fragte ich verwundert. »Na, den Davis-Prozess.« – »Wieso?« Erst jetzt erfuhr ich, dass der Alte zu den noch im Wartestand befindlichen Geschworenen gehörte. Doch für ihn, so meinte er, komme eine Teilnahme nicht in Frage. Lose man ihn aus, werde er den Richter unter Hinweis auf Alter und schwache Gesundheit um sofortige Entlastung bitten.

»Schade, ich ahnte nicht, dass Sie für die Geschworenenbank ausersehen sind. Hätte ich das gewusst, wäre unser Gespräch wohl kaum zustande gekommen«, erklärte ich Bob. Immerhin würden wir beide mit Gewissheit beobachtet, und die Bekanntschaft könne keinem von uns von Vorteil sein. »Für den Fall, dass man Sie freistellen oder einfach nicht berücksichtigen sollte, gilt unsere Verabredung natürlich«, verabschiedete ich mich. »Übrigens … es tut mir leid, dass ausgerechnet jemand, der so denkt wie Sie, sich als zu alt und zu krank empfindet …«

Unsere Wege trennten sich dort, wo sie einander gekreuzt hatten: in der Snackbar des City Council Building. Es versteht sich von selbst, dass ich Stephanie Allan, die Pressesprecherin des NUCFAD, sofort in mein Erlebnis einweihte. Mit Bob sprach ich nie wieder ein Wort, aber bei zufälligen Begegnungen auf der Straße nickten wir uns kurz und verständnisvoll zu, wenn er mit anderen Jury-Kandidaten einen Spaziergang unternahm. Mag das auch dem Bericht über das weitere Geschehen ausnahmsweise vorweggenommen sein: Von Bob Seidel hörte man tatsächlich noch. Zunächst nicht für die Geschworenenmannschaft aufgerufen, wurde er buchstäblich im letzten Augenblick der erste von vier Ersatzleuten. Vom Richter befragt, erwähnte er weder Schwäche noch Alter, sondern nannte sich »fit«. Als einige Wochen darauf eine an Hämorrhoiden leidende Geschworene, die, wie sie sagte, »wegen so einer wie Angela Davis nicht noch länger Qualen ertragen« wollte, aus der Box ausschied, rückte Bob nach. Mit seiner Einbeziehung in die Jury schien die Gefahr eines drohenden Schuldspruchs, der nur mit allen zwölf Geschworenenstimmen zustande kommen konnte, weniger wahrscheinlich.

Obwohl es sicher nicht zum geistig Anregendsten gehörte, sich mit den beschränkten Leuten der Sonderpolizeitruppe in einen »Gedankenaustausch« einzulassen, rechnete ich mit ihrer Macht und gelangte zu dem Ergebnis, dass ein erträgliches Verhältnis zu ihnen meiner Funktion als Berichterstatter kaum hinderlich sein dürfte. Da ich mir Mühe gab, wich der aus einer Mischung von Minderwertigkeitskomplexen und »Sendungsbewusstsein« herrührende Hochmut der Schließer unseres Gitterareals etwas normaleren Verhaltensweisen. So dauerte es nicht lange, bis dieser oder jener Polizist von sich aus ein Gespräch mit mir anknüpfte. Zunächst ging es um Belangloses, dann um »Professionelles«.

»Sagen Sie, was steckt eigentlich hinter dieser Wopo, oder wie sich das nennt?«, wurde ich eines Morgens von einem der Uniformierten, die den Empfangstisch im Bunker besetzt hielten, gefragt. Wie sich herausstellte, meinten sie die Volkspolizei. Natürlich hatten die Hilfssheriffs, durch den »San José Mercury« im Springer-Stil informiert, eine recht bizarre Vorstellung vom Gegenstand ihrer Erkundigung. Misstrauisch, doch aufmerksam hörten sie mir zu, als ich ihnen sachlich erklärte, was es mit der »Wopo« auf sich habe. Die Geschichte sprach sich herum. Von diesem Tag an wurde ich die Fragesteller nicht mehr los.

Einer der wichtigsten Vorgesetzten der Polizisten war Vizesheriff Larry Romero. Ihn sah ich immer mit blitzendem Stern, aber niemals in Uniform. Wohl der ranghöchste Einlasskontrolleur an der Pforte des Journalistenkäfigs, ließ er sich nur an seinem auf der linken Brustseite getragenen Namensschild als Offizier erkennen.

Romero sah nicht wie ein Polizist, sondern eher wie ein Rummelboxer oder Mädchenhändler aus. Und Letzteres war er dann wohl auch. Im übertragenen Sinn. »Ich habe da eine recht hübsche Dame an der Hand«, ging er eines Tages zum Frontalangriff über. Sie arbeite beim Stadtrat nebenan, sei geschieden, interessiere sich »enorm für Deutschland« und brenne geradezu darauf, mich zum Dinner einzuladen. Der Vizesheriff machte ein vielsagendes Gesicht. Er hatte den Wurm auf den Haken gesteckt und wollte nun sehen, ob der Fisch anbeißen würde. Immerhin handelte es sich um eine »verlockende Offerte«, war doch in einem Abendessen dieser Art alles inbegriffen.

»Ein wirklich reizendes Angebot«, bedankte ich mich bei Romero und ließ ihn stehen. Doch der CIA-Beauftragte für Kuppelei und Kompromittierung gab so schnell nicht auf. Drei Tage später versuchte er es noch einmal auf dieselbe Tour. »Meine Freundin vom Stadtrat verzehrt sich nach Ihnen«, grinste er. »Sie möchte Sie unbedingt kennenlernen. Seien Sie doch nicht so stur.« Der Ton klang geradezu familiär. Romeros Stimme hörte sich fast so an wie das Surren der versteckten Kamera in der Wohnung des Köders. »Vielen Dank für die Aufmerksamkeit«, erwiderte ich höflich. »Dinge dieser Art erledige ich ohne Ihr Mittun.«

Vizesheriff Romero blieb nicht der einzige Staatsdiener aus San José, dem ich eine solche Enttäuschung bereiten musste. Da war zum Beispiel Lowell W. Bradford. Ich will dem Direktor des Kriminalistischen Laboratoriums beim Bezirksstaatsanwalt des Santa Clara County nicht unterstellen, auch er habe mit Mädchen »gehandelt«. Nein, sein Vorstoß war durchaus vertikal. Beide – der ordinäre Larry und der seriöse Lowell – hatten nur eins gemeinsam: die Firma.

Mr. Bradford erwartete mich eines Tages vor Prozessbeginn hinter dem »Zaun« der Sicherheitszone, wo ich ihm von den Polizisten vorgestellt wurde. Sie waren dabei so aufgeregt, als sei Nixon persönlich eingetroffen. »Mister Steiniger, ich komme zu Ihnen in ganz privater Absicht«, begann der Kriminalistikexperte Nummer eins der Stadt des Davis-Prozesses. »Ich habe Sie aufgesucht, um eine alte Dankesschuld gegenüber Ihrem Land zu begleichen.« Vor einigen Jahren habe er (was übrigens nicht stimmte) in Halle an einem Kongress für

Gerichtsmedizin teilgenommen. Die Gastfreundschaft der DDR sei »umwerfend« gewesen.

Ich hörte mir Mr. Bradfords Einleitung gerührt an und wartete, dass er zum »geschäftlichen Teil« kommen würde. Nach zwei oder drei »Ehrenrunden« war es so weit. »Ich würde es sehr begrüßen, wenn Sie heute mit mir das Mittagessen einnehmen könnten – als mein persönlicher Gast.« Mr. Bradford, das musste man ihm lassen, verstand es, Liebenswürdigkeiten anzubringen und seine Worte gewählt zu setzen. Da ein kostenloses Mittagessen gewiss niemandem schadet, nahm ich die Einladung an. Weil es sich aber um einen Fremden handelte, weihte ich vorsorglich Freunde in meine Rendezvouspläne ein.

Zu Beginn der Mittagspause stand Mr. Bradfords Wagen schon bereit. Das Restaurant, für das er sich entschieden hatte, war mittelprächtig, und auch der Lunch ließ einiges zu wünschen übrig. Dafür wurden mir verlockende Dinge in Aussicht gestellt. »Mein Haus ist Ihr Haus, mein Auto ist Ihr Auto …«, bot der hochrangige Kriminalist an. Ich sei jederzeit als Gast in seinem Heim willkommen, und an den tristen Wochenenden winke sogar ein Trip in die Sierra oder zum Pazifik. Wenigstens »einen Schimmer amerikanischen Familienlebens« müsse ich »als Erinnerung mit nach Deutschland nehmen«.

Mr. Bradfords großzügige Angebote übertrafen den Lunch um ein Vielfaches. Alles lief perfekt. Bis zum Schluss. Da machte Lowell einen winzigen Fehler. Der Herr, der mich »rein privat« eingeladen hatte, um sich »ganz persönlich« bei der DDR »zu revanchieren«, bat den Ober um eine Quittung. Er tat es sehr diskret, aber eben nicht diskret genug.

Am Abend rief ich von meinem abgehörten Zimmerapparat im »Vagabond« Charlene an. Ich erzählte ihr die ganze Geschichte. »Stell dir vor: Die Einladung gipfelte darin, dass sich Mister Bradford eine Quittung über lumpige elf Dollar geben ließ. Was haben sie mir da nur für einen Dilettanten auf den Hals geschickt.« Außer dem vertrauten Knacken hörte ich nun auch noch ein Glucksen am anderen Ende der Leitung. Charlene wollte sich totlachen.

Im »Vagabond« betrachtete ich mich inzwischen als den einzigen »roten« Gast, nachdem Horst Schäfer abgereist und Eduard Baskakow zu seiner normalen Tätigkeit in das New Yorker TASS-Büro zurückgekehrt war. Die Motelmanager Mary und Roy Snyder, bei denen, wie ich erfuhr, laufend Erkundigungen über mein Wohlbefinden eingezogen wurden, schenkten mir zwar bei jeder Gelegenheit ein bezauberndes Lächeln, konnten aber ihr Unbehagen darüber, dass der »ausländische Umstürzler« ausgerechnet bei ihnen Quartier genommen hatte, nicht völlig verhehlen.

Das Personal des »Vagabond« bestand fast hundertprozentig aus Gastarbeitern oder Asylsuchenden. Die immerzu singenden Mädchen der Reinigungsmannschaft waren zum Beispiel Portugiesinnen von den Azoren und sprachen – bis auf die Vorfrau – kaum drei Worte Englisch. Als »Hausboy« hatten die Snyders einen jungen Schwarzen eingestellt, der sich von Amerikanern dunkler Hautfarbe im Aussehen und in der Art des Auftretens unterschied. Er musste erst vor kurzem in die Vereinigten Staaten gekommen sein. Eines Tages sprach mich Shaha – so hieß er – höflich an. Er habe bei mir den »Free Angela«-Button gesehen und daraus geschlossen, dass ich auf der Seite von Miss Davis stünde. Darüber freue er sich. Außerdem werde im Motel erzählt, ich sei aus »Ostdeutschland«. Er allerdings wisse, wie dieses Land wirklich heißt. Ihm sei bekannt, dass die DDR in der vordersten Reihe gegen Rassismus und Kolonialismus stehe. Er stamme übrigens aus Sierra Leone und müsse, um sein Medizinstudium am San José State College durchhalten zu können, im »Vagabond« als Hausdiener arbeiten.

Ich dankte Shaha für seine guten Worte. Wir umarmten einander herzlich. Von nun an wusste ich, dass es in der mir bisweilen recht feindlich erscheinenden Umwelt dieses Hauses einen Freund gab.

Gesellschaftlicher Mittelpunkt des »Vagabond« war – wie in jedem besseren kalifornischen Motel – der um diese Jahreszeit noch beheizte Swimmingpool. Am nierenförmigen Bassin traf man fast immer einen Teil der Gäste. Meist war die Diskussion schon nach wenigen Minuten in vollem Gang. Ich brauchte nur beiläufig zu erwähnen, ich nähme als ausländischer Journalist am Davis-Prozess teil – und schon knisterte das Feuer der Neugier, etwas aus erster Hand zu erfahren.

Eines Tages hielt eine vielköpfige Studentengruppe der Universität Berkeley den Pool besetzt. Die jungen Leute hatten einen Wochenendausflug nach San José unternommen. Fast alle waren sehr radikal, und es gab niemanden in ihrem Kreis, der daran zweifelte, dass der Fall Angela Davis ein Frame-up sei. Einige der Studenten schienen geradezu begeistert, auf einen Reporter gestoßen zu sein, der selbst den Prozess beobachtete und überdies mit der Angeklagten sympathisierte.

Plötzlich mischte sich ein Afroamerikaner in unsere Diskussion ein. Er stieß wüste Beschimpfungen gegen die KP der USA aus. Ihm gehe es in Amerika gut, brüstete er sich. »Ich bin sogar Kapitalist.« Es war das einzige Erlebnis dieser Art, das ich während des ganzen Aufenthalts in Kalifornien mit schwarzen US-Bürgern hatte. Aber auf seine Weise erwies es sich als nützlich, führte es mir doch die altbekannte Wahrheit vor Augen, dass nicht Rasse und Hautfarbe das Primäre sind, sondern in erster Linie die Klassenposition eines Menschen darüber entscheidet, wie er denkt.

50 ROTE NELKEN

Der Schauprozess stand noch immer im Zeichen des Ringens um die Geschworenenjury. Zwar waren die beiden »Parteien« dem Gesetz nach gleichberechtigt, doch wusste der Ankläger die gesamte Maschinerie des stärksten imperialistischen Staates hinter sich, während die Angeklagte und deren Anwälte gegen diese gewaltige Übermacht ankämpfen mussten.

Aber Angela Davis besaß Verbündete, die ihre Gegner nicht aufweisen konnten. Nicht nur das Team der Verteidiger schlug sich für ihr Recht, sondern Millionen Menschen auf der ganzen Welt waren an ihre Seite getreten. Täglich spürte man in San José die Kraft dieser Solidarität mehr und mehr wachsen.

Selbst im Pressebunker waren wir Zeugen des großen Kampfes, der für den Schutz der KP der USA auf internationaler Ebene geführt wurde. Am Schwarzen Brett neben dem unterirdischen »Hilfsgerichtssaal« erschienen die widersprüchlichsten Mitteilungen. So hingen Tamms Abzeichenverbot, seine Einladung zu einer dann plötzlich abgesagten »Exkursion« in das Zuchthaus San Quentin und ein Plakat der US-Friedensbewegung, das den verschärften Luftkrieg gegen Vietnam anprangerte, nebeneinander. Wiederholt heftete Stephanie Allan dort Telegramme an, die Angela zugegangen waren.

Eines Tages beobachtete ich, wie die gerade im Dienst befindlichen Hilfssheriffs Botschaften des Forschungszentrums für Bodenfruchtbarkeit Merseburg und der Betriebsberufsschule des Bandstahlkombinats in Eisenhüttenstadt aufmerksam betrachteten. Um ihnen das Herumbuchstabieren zu ersparen, übersetzte ich den Polizisten des Sonderkontingents die in der Wortwahl nicht gerade zimperlichen Grüße aus der DDR. FBI-Chef J. Edgar Hoover bekam dabei ebenfalls sein Fett ab.

Apropos Hoover: Damals war jener erst 1981 in den USA veröffentlichte Brief noch nicht bekannt, welchen der auch für die Treibjagd auf Angela Davis verantwortlich zeichnende oberste Kriminalist der Vereinigten Staaten an den 1968 ermordeten Prediger und Bürgerrechtskämpfer Dr. Martin Luther King gerichtet hatte. Das später bei den FBI-Akten gefundene Schreiben Hoovers gipfelte in den Worten: »Ich nenne Dich Betrüger, nicht Pfarrer noch Doktor, noch rede ich Dich mit Herr King an. Du bist eine Schande für Amerika.«

Der 8. März wurde im Gerichtssaal wie in der Sicherheitszone auf bestimmte Weise festlich begangen. Nie zuvor war mir die Bedeutung dieses Tages so bewusst geworden wie hier in den Vereinigten Staaten – einem Land, das Frauen auf allen Gebieten diskriminierte. In sämtlichen Berufen, auch in jenen, welche die höchsten Qualifizierungsstufen zur Voraussetzung haben, bekommen sie grundsätzlich 30 bis 50 Prozent weniger

Lohn oder Gehalt als Männer, die die gleiche Tätigkeit verrichten. Der Davis-Prozess war ebenfalls ein Stück Unterdrückung der Frau: In der Angeklagten sollte die schwarze Revolutionärin getroffen werden, die unerschrocken gegen alle Formen der Ungleichheit und Rechtlosigkeit auftrat.

Bevor Doris Walker, Angelas tatkräftige Anwältin und kommunistische Genossin, am Vormittag des 8. März mit der Befragung einer weiteren Jurykandidatin begann, konfrontierte sie jedermann im Gerichtssaal mit der Tatsache, dass dieser Tag der Internationale Frauentag ist. »Auch wenn man das hier leider nicht weiß – es gibt ihn doch.«

Schon am Abend zuvor hatten wir Angela eine Überraschung bereitet. Der in San José ansässige Fotograf Mauricio Berlincioni – ein kleiner Mann mit wehender rotblonder Mähne und einem buschigen Vollbart – war während der Nachmittagssitzung des Gerichts unterwegs gewesen, um Blumen zu besorgen. Als Arnason die Verhandlung am frühen Abend vertagte, stand Mauricio vor dem Gittertor der Sicherheitszone, bewaffnet mit einem prächtigen Strauß: Die 50 roten Nelken, die das schön gebundene Arrangement bildeten, wurden durch eine breite Schleife in derselben Farbe zusammengehalten. In Italiens roter Region Emilia aufgewachsen, hatte Berlincioni begeistert eingewilligt, als ich ihn bat, den Blumenkauf für mich zu erledigen.

Eigentlich wollten wir der Angeklagten unseren Strauß während einer Pause im Gerichtssaal oder zumindest innerhalb der Umzäunung überreichen. Doch Leutnant Tamm war dagegen gewesen. Als ich ihn darauf ansprach, verhängte er ein strenges Verbot für die gesamte Sicherheitszone. Dem war Rechnung zu tragen. Man musste die Sache mit Geschick anfassen, um den auf eine Möglichkeit zum Eingreifen wartenden Beamten keine Vorwände zu liefern. Außerdem galt es, auf Angelas Lage Rücksicht zu nehmen. Hinzu kam, dass nach einem Gesetz des Bundesstaats jede Art von Demonstration in einer Bannmeile um das Gericht untersagt war. Vierundzwanzig Teilnehmer der Davis-Verteidigungskampagne, die als Angehörige einer Mahnwache Plakate getragen hatten, waren von der Polizei genau an jener Stelle festgenommen worden, an welcher wir uns gerade befanden. Ihr Prozess sollte in Kürze vor dem Stadtgericht von San José parallel zum Hauptverfahren stattfinden.

Als Angela am Gittertor des »Käfigs« eintraf, hatten sich dort bereits Tamms Leute versammelt. Dennoch verlief alles ohne Zwischenfall. Ich erinnerte daran, dass es in Berlin acht Stunden später als in Kalifornien ist, so dass der 8. März dort bereits begonnen hatte. »Wir verzichten ausdrücklich auf alles Demonstrative«, sagte ich laut und hob die Blumen hoch. »Sie sind von den Kindern, von allen Menschen unseres Landes, die dich in ihr Herz geschlossen haben.«

Angela dankte bewegt. Ein UPI-Reporter, den ich zuvor auf die Gelegenheit aufmerksam gemacht hatte, »ein gutverkäufliches Foto zu schießen«, war prompt zur Stelle. Auch seine Anwesenheit trug dazu bei, dass Tamms Mitarbeiter reglos im Hintergrund verharrten. Am nächsten Tag brachten viele große US-Zeitungen, darunter die »International Herald Tribune«, das Bild des UPI-Fotografen. Sie sahen sich dazu gezwungen, ganz gegen ihre Gewohnheit auf die Existenz eines weltweiten Kampftages für Frauenrechte hinzuweisen.

EINE UNERWARTETE WENDUNG

Am 14. März – zu diesem Zeitpunkt hätte die Verteidigung noch achtzehn und die Anklage siebzehn Geschworenenanwärter ohne nähere Begründung ablehnen können – nahm der Prozess eine unerwartete, ja sensationelle Wendung. Es war 10.18 Uhr, als sich Angela erhob und zum ersten Mal als Verteidigerin in eigener Sache ums Wort bat. Sie wolle eine kurze Erklärung abgeben, sagte sie. »Ich akzeptiere diese Jury, die Männer und Frauen, die in dieser Körperschaft sitzen, so, wie sie sich gegenwärtig konstituiert hat.« Nach eingehender Diskussion sei die Verteidigung trotz mancher Vorbehalte zu dem Schluss gelangt, den zwölf Geschworenen ihre Zustimmung zu geben.

Angelas nur wenige Minuten beanspruchende Rede schlug nicht bloß bei den Journalisten, die sofort aus dem Saal stürmten und ein Gerangel um die wenigen Telefone begannen, wie eine Bombe ein. Am betroffensten wirkte der Ankläger. Harris hatte keinesfalls damit gerechnet, dass das Davis-Lager seinen Widerstand so früh einstellen und einer solchen Jury die Zustimmung geben werde. Daher war der Vertreter des »Volkes« nicht in Eile gewesen und hatte erst einen Teil jener Juryanwärter »ausgemerzt«, deren Entfernung ihm vorschwebte. Die Erklärung von Angela Davis traf ihn wie ein Blitz aus heiterem Himmel. Hätte er nun, nachdem die Angeklagte diese Mannschaft zu akzeptieren bereit war, der Jury seinerseits die Zustimmung versagt, wäre er psychologisch in eine höchst unvorteilhafte Ausgangsposition geraten. So erhob sich der bullige Mr. Harris, dessen Gesicht in diesem Augenblick noch röter als sonst war, um widerwillig zu versichern, auch die Staatsanwaltschaft stimme dem Team der Geschworenen zu. Unmittelbar darauf wurden acht Frauen und vier Männer im Alter zwischen 22 und 67 Jahren durch Arnason für die Hauptphase des Prozesses vereidigt. Der Richter entschied, auf ihre isolierte Unterbringung für die Dauer der Beweisaufnahme zu verzichten.

Was in aller Welt, fragte ich mich, hatte Angela zu dem Überraschungsschlag veranlasst? Erhoffte sie sich von dieser Jury einen Freispruch oder wenigstens ein Mistrial – das Ausbleiben eines einstimmigen Schuldvotums und damit das Scheitern des Prozesses? Ich nahm an, dass sie und ihre Anwälte auf die zweite Möglichkeit setzten. Ein Mistrial bedeutete nämlich, dass die gesamte Verhandlung wiederholt werden musste, was oft genug – besonders bei einer hohen Zahl von Nichtschuldigstimmen – Ursache für eine stillschweigende Einstellung des Verfahrens war. Augenscheinlich hatte das erfahrene Team den Eindruck gewonnen, einige der Geschworenen würden nur der Logik der Tatsachen folgen und Fairness bewahren. Durch ihre Entscheidung, die Jury hinzunehmen, wie sie war, wollte die Verteidigung – so glaubte ich – nicht zuletzt auch weiteren »Säuberungsaktionen« des Anklägers vorbeugen.

Ich schaute mir die Frauen und Männer auf der Geschworenenbank aufmerksam an. Sie kamen mir bereits vertraut vor, hatte doch jeder einzelne Kandidat im Kreuzverhör einen Teil seiner Karten aufdecken müssen. Was waren das für Leute, die an jenem 14. März 1972 feierlich gelobten, im Prozess gegen Angela Davis eine gerechte, allein der Wahrheit zum Sieg verhelfende Entscheidung zu fällen?

Da war zunächst Mrs. Mary Titcomb, Anfang vierzig, Buchhalterin, verheiratet, Mutter mehrerer Kinder und – was mir am bemerkenswertesten erschien – Tochter eines pensionierten Sheriff's Captains des Santa Clara County. Nachdem sie Howard Moore gegenüber eingestanden hatte, »Kommunismus« sei etwas, wovon sie »nicht den Schimmer einer Ahnung« habe, erwies sie sich anschließend als beherzt genug, gerade darüber Auskunft zu erteilen. Ja, die Kommunisten, meinte sie, wollten »ihre Ziele durch Gewalt erreichen«. »Gewalt?«, fragte der Verteidiger. »Ja, irgend so ein subversives Ding«, antwortete Mrs. Titcomb. »Subversiv?«, griff Moore das Wort auf. Die Befragte hatte sich übernommen. »Ich kann es Ihnen nur in den Begriffen meines Elfjährigen erklären – und bei dem würde es ›schleicherisch‹ heißen.« Bald darauf kapitulierte die Tochter des Polizeihauptmanns. Sie berief sich auf ihre »geringe Bildung« und suchte den Eindruck von Naivität zu erwecken, um den von ihr angestrebten Einzug in die Jury nicht zu gefährden. Als der Verteidiger dann nach »gesellschaftlichem Verkehr mit schwarzen Mitbürgern« fragte, antwortete sie flink: »Schwarze bei mir zu Hause? ... Natürlich ... Meine Kinder haben sie fast täglich da ...«

Um das Ende der Geschichte vorwegzunehmen: Mary Titcomb, mit die »bitterste Pille«, die Angela hatte schlucken müssen, als sie die Jury akzeptierte, schied noch vor Beginn der Beweisaufnahme aus der Box. Anlass dazu war ein Skandal. Erst nach dem Prozess wurden die tatsächlichen Zusammenhänge bekannt: Eines Morgens hatte Richard Arnason den Anruf der achtzehnjährigen Tochter der Geschworenen erhalten. »Wenn meine Mutter in der Jury bleibt, dann möge Gott Angela Davis helfen«, hatte das junge Mädchen dem Richter gesagt. Dieser bestellte daraufhin Mutter und Tochter sowie die Vertreter der Prozessparteien in sein Arbeitskabinett. Dort nannte die Tochter die Dinge beim Namen. Ihre Mutter, die im ganzen Wohnviertel als »Negerhasserin« bekannt sei und ihre Kinder stets vor jeglichem Umgang mit Schwarzen gewarnt habe, werde in jedem Fall für schuldig stimmen, teilte sie stockend mit. Mary Titcomb, die ihr Vorhaben nun durchkreuzt sah, schimpfte ihr eigenes Kind »missraten« und »verlogen«, weigerte sich jedoch, im Gerichtssaal anwesend zu sein, falls ihre Tochter die gegen sie erhobenen Beschuldigungen dort als vereidigte Zeugin wiederholen sollte. So bat sie Arnason, »aus persönlichen Gründen« entlassen zu werden.

An die Stelle von Mrs. Titcomb trat Michelle Savage, die elegante Empfangssekretärin eines großen Textilkonzerns. Erst 20 Jahre alt, war die Cousine eines Sheriffs aus Minnesota die jüngste Geschworene, die man bis zu diesem Zeitpunkt jemals in Kalifornien für ein solches Amt benannt hatte. Sie sei »eingetragene Wählerin der Demokratischen Partei«, erklärte Miss Savage, wisse allerdings, ehrlich gesagt, nicht, was die Demokraten eigentlich wollten. Bei ihrer Registrierung im Wahlbüro habe man sie aufgefordert, sich für eine der beiden großen Parteien – Republikaner oder Demokraten – zu entscheiden.

Dennoch gehörte die ahnungslose junge Dame zu jenen Juryanwärtern, deren Namen Mr. Harris auf seiner Missliebigkeitsliste vermerkt hatte. In ihrem Voir Dire war sie nämlich der Ansicht gewesen, »jemanden wie die Angeklagte nicht so leicht verdammen« zu können.

Mrs. Mary Borelli, bei einem Grundstücksmakler tätig, war oder gab sich ebenfalls unbedarft. Sie vermute, »Kommunismus oder Demokratie« seien »verschieden«, meinte sie zögernd, fügte aber sogleich hinzu, sie fühle sich außerstande, Genaueres zu sagen. »Ich könnte mich nur äußern, wenn ich wüsste, um was es geht«, sagte sie mit einem gewinnenden Lächeln. Ihr Verhalten leuchtete ein. Nebenbei notierte ich, dass zwei Söhne der Geschworenen in der Marine dienten, während ihr Mann auf der bei San José gelegenen Luftwaffenbasis Moffett Field arbeitete. Übrigens war Mrs. Borelli die zweite Geschworene aus der am 14. März akzeptierten Jury, die nicht bis zum Ende des Prozesses durchhielt. Sie wurde wegen ihres Hämorrhoidalleidens vorzeitig entlassen. Robert Seidel, der Ersatzkandidat Nummer eins – ein Atheist und überzeugter Demokrat –, nahm ihren Platz ein.

Winona Walker, die älteste unter den acht Frauen in der Jurybox, war 67 Jahre alt. Mit Leo Brantons Fragen konfrontiert, schob die im Ruhestand lebende Bibliothekarin den Kaugummi unruhig von einem Mundwinkel in den anderen. Offenbar dämpfte das Hin- und Herbewegen des kleinen Fremdkörpers die Aufregung der alten Dame. Miss Walker hatte den Erfahrungen ihres Lebens und der ständigen Beschäftigung mit Literatur manche Erkenntnis zu verdanken. Und sie hielt mit dem, was sie dachte, auch nicht hinterm Berg. So machte sie keinen Hehl daraus, dass sie Angela Davis bewunderte. »Es ist schon etwas, wenn jemand einen akademischen Grad in Philosophie besitzt«, billigte sie der Angeklagten zu.

Befragt, ob sie das Untertauchen der vom FBI Gehetzten als Indiz für deren Schuld betrachte, erwiderte Miss Walker ohne Zögern: »Es war das Vernünftigste, was sie tun konnte.« Hätte sie sich selbst an Stelle von Angela Davis befunden, fügte die Geschworene hinzu, wäre sie »vielleicht auch zunächst einmal abgerückt«. Ich sah, dass sich Harris Notizen machte, und war mir fast sicher, dass an ihrem Ende das Wort »challenge« stand. In diesem Zusammenhang bedeutete es so viel wie »abservieren«. Aus den geschilderten Gründen blieb das Veto des Anklägers gegen die alte Bibliothekarin jedoch aus.

LEKTION IN GESCHICHTE

Als Verteidigerin Doris Walker ihre Namensvetterin fragte, ob die Amerikaner eigentlich das Recht besäßen, ihre Gesellschaftsordnung zu ändern, antwortete diese: »Das steht doch bereits in der Verfassung.« Die im Klassenkampf erfahrene Anwältin aus San Francisco nutzte die Gelegenheit, den Anwesenden elementare Geschichtskenntnisse zu vermitteln. »Wissen Sie, dass Angela Davis einer Bewegung angehört, die in der Sowjetunion, auf Kuba und in vielen anderen Ländern schon gesiegt hat? Einer internationalen Partei, die in Chiles Revolution eine wichtige Rolle spielt, die auch in Ländern wie Frankreich Millionen Anhänger besitzt?«

Die Geschworene Doris Walker gestand treuherzig, sie kenne niemanden, der Kommunist ist, und wisse auch nichts über den Kommunismus. Um ihre Bildungslücke zu schließen, sei sie in mehrere Bibliotheken San Josés gegangen, weil sie gehofft habe, dort etwas zu finden. »Aber leider gab es nirgends etwas«, schilderte sie die »reichen Informationsmöglichkeiten, die allen US-Bürgern offenstehen«.

Mr. James Messer, ein sportlicher, gutaussehender Mann Mitte dreißig, verheiratet und Vater zweier Kinder, gehörte zu jenen Geschworenenkandidaten, die fest damit gerechnet hatten, dem Einspruch der Davis-Verteidigung weichen zu müssen. Und in der Tat waren Angelas Anwälte bemüht gewesen, Richter Arnason davon zu überzeugen, dass der hochbezahlte Fluglotse befangen sei.

Messer hatte den Kommunisten nicht nur theoretisch gegenübergestanden. Er war in Vietnam auch als Soldat gegen sie ins Feld gezogen. Absolvent der Kriegsmarineakademie Annapolis und später Pilot in den Luftwaffenverbänden der U.S. Navy, hatte er freimütig bekannt, es werde ihm schwerfallen, objektiv über Kommunisten zu urteilen. Bereits im politischen Unterricht an der Offiziersschule seien er und seine Kameraden über die »rote Gefahr« belehrt worden. Die »Sowjets« brächten »Unruhe in die Welt« und benutzten die Kommunisten anderer Länder für ihre Zwecke, gab Messer seine »gesellschaftswissenschaftlichen Kenntnisse« zum Besten.

Leo Branton beschränkte sich darauf, festzustellen, ob der Geschworene selbst bei bestem subjektivem Wollen die Voraussetzungen der Fairness objektiv erfüllen könne. Nachdem

Mr. Messer erklärt hatte, Fluglotsen bedürften grundsätzlich einer »Unbedenklichkeitsbescheinigung der Sicherheitsbehörden«, fragte ihn Branton: »Könnte Ihre Entscheidung für einen Freispruch meiner Mandantin nicht für Sie den Verlust dieser Bescheinigung bedeuten?« Der Anwärter auf die Jurybox zuckte nur mit den Schultern. Doch Richter Arnason wollte offenbar den Geschworenen, dessen Kandidatur bereits auf schwankendem Boden stand, nicht missen. Er formulierte Brantons Fragen um, so dass Messer am Ende selbst davon überzeugt zu sein schien, trotz allem »ein fairer Geschworener werden zu können«.

Mrs. Ruth Ann Charlton hatte einen Elektroingenieur zum Mann und arbeitete bei einem Warenhauskonzern. Politisch sehr interessiert und belesen, stand sie der amerikanischen Frauenbewegung nahe. Da sie einige Jahre als Sozialarbeiterin tätig gewesen war, wusste sie um die Nöte der Armen und Entrechteten ihres Landes. Den Kommunismus betrachtete sie als »ein gutes System für unterentwickelte Länder«, das sich auf die Vereinigten Staaten allerdings kaum anwenden lassen werde. Ich zweifelte nicht daran, dass sich die attraktive Mrs. Charlton ebenfalls unter jenen Anwärtern befand, deren Namen der Staatsanwalt auf seiner Abschussliste vermerkt hatte.

Mrs. Ann Wade war die Schwägerin eines Polizisten aus San José. Ihr Mann arbeitete in der Produktionsüberwachung eines Elektronikkonzerns. Die wenigen Daten aus ihrer Biografie klangen nicht sonderlich vertrauenerweckend. Im Südstaat Georgia, wo die Kandidatin aufgewachsen war, hatte sie, wie alle weißen Kinder zu jener Zeit, eine rassengetrennte Schule besucht. Auch die ersten Antworten der Geschworenen stimmten bedenklich. Die eigens für den Davis-Prozess ergriffenen »Schutzmaßnahmen«, die es – wie Leon Branton meinte – »zu keiner Zeit in dem an Morden so reichen Santa Clara County gegeben« habe, erachtete Ann Wade als »dringend notwendig«.

Doch dann kam eine andere Note in das Wechselspiel von Frage und Antwort. Der weiße Rassismus sei leider »ein sehr verbreitetes Element in der US-Gesellschaft«, sagte die junge

Frau aus dem Süden. Sie halte »die von den Schwarzen angewandten Mittel, um sich von der untersten Stufe zu erheben, für gerechtfertigt«. Sehr zum Missfallen des Anklägers teilte Ann Wade dem Gericht schließlich auch noch mit, sie habe das von Angela Davis in der Haft geschriebene Buch »Wenn sie am Morgen kommen« gelesen.

Mrs. Stephanie Ryon, eine kontaktfreudige Zweiundzwanzigjährige, war zunächst die jüngste von jenen Geschworenen, welche Richter Arnason am 14. März unter Eid genommen hatte. Sie arbeitete in der Rechnungsabteilung der Warenhauskette Sears, Roebuck & Co. Ihr Mann, jetzt Verkäufer, hatte als Fallschirmjäger am Vietnamkrieg teilgenommen, ihr Bruder diente bei den Marines, den als Elite-Eingreiftruppe der USA bekannten »Ledernacken«.

Als diese Jurykandidatin von der Verteidigung befragt wurde, war Doris Walker wieder an der Reihe. Wie sie als Angehörige der Presbyterianischen Kirche zu der Tatsache stehe, dass ihre Glaubensgemeinschaft eine hohe Summe für den Davis-Verteidigungsfonds gespendet habe, wollte die Anwältin von der Geschworenen wissen. »Es war ein christlicher Akt«, erwiderte diese. Harris horchte auf.

»Wissen Sie irgendetwas über das Programm der Kommunisten?«, erkundigte sich Doris Walker. »Nein.« Dann fiel aus dem Mund Stephanie Ryons das Wort »Russland«. Und wieder wurde im Gerichtssaal Nachhilfeunterricht in Geschichte erteilt. »Russland – wissen Sie, dass das nur eine der Republiken der UdSSR ist?« Mrs. Ryon stand den nun auf sie einstürmenden Fragen der Verteidigerin bedauernswert hilflos gegenüber. »Wissen Sie, dass es fünfzehn Unionsrepubliken gibt? Dass sich dieses Land selbst Sowjetunion nennt? Und dass in diesem Land siebzig bis achtzig Nationalitäten in Harmonie miteinander leben?« Die Geschworene schwieg. »Was haben Sie eigentlich jemals über die Sowjetunion erfahren?«, fragte Doris Walker.

Harris explodierte. »Das Volk von Kalifornien« legte Protest gegen »prosowjetische Propaganda« ein und forderte, die

FREE ANGELA

Angela Davis mit dem Großen Stern der Völkerfreundschaft der DDR

WANTED BY THE FBI

INTERSTATE FLIGHT - MURDER, KIDNAPING

ANGELA YVONNE DAVIS

FBI No. 867,615 G

Photograph taken 1969 — Photograph taken 1970

Alias: "Tamu"

DESCRIPTION

Age:	26, born January 26, 1944, Birmingham, Alabama		
Height:	5'8"	**Eyes:**	Brown
Weight:	145 pounds	**Complexion:**	Light brown
Build:	Slender	**Race:**	Negro
Hair:	Black	**Nationality:**	American
Occupation:	Teacher		
Scars and Marks:	Small scars on both knees		

Fingerprint Classification: 4 M 5 Ua 6 / I 17 U

CAUTION

ANGELA DAVIS IS WANTED ON KIDNAPING AND MURDER CHARGES GROWING OUT OF AN ABDUCTION AND SHOOTING IN MARIN COUNTY, CALIFORNIA, ON AUGUST 7, 1970. SHE ALLEGEDLY HAS PURCHASED SEVERAL GUNS IN THE PAST. CONSIDER POSSIBLY ARMED AND DANGEROUS.

A Federal warrant was issued on August 15, 1970, at San Francisco, California, charging Davis with unlawful interstate flight to avoid prosecution for murder and kidnaping (Title 18, U. S. Code, Section 1073).

IF YOU HAVE ANY INFORMATION CONCERNING THIS PERSON, PLEASE NOTIFY ME OR CONTACT YOUR LOCAL FBI OFFICE. TELEPHONE NUMBERS AND ADDRESSES OF ALL FBI OFFICES LISTED ON BACK.

J. Edgar Hoover
DIRECTOR
FEDERAL BUREAU OF INVESTIGATION
UNITED STATES DEPARTMENT OF JUSTICE
WASHINGTON, D. C. 20535
TELEPHONE, NATIONAL 8-7117

Entered NCIC
Wanted Flyer 457
August 18, 1970

45p

Das FBI setzte Angela Davis auf die Liste der zehn meistgesuchten Kriminellen der USA.

»Freiheit für alle politischen Gefangenen in den USA!«

(oben) Nach 488 Tagen Haft kommt Angela Davis am 24. Februar 1972 auf Kaution frei.

(unten) Während einer Pressekonferenz in San José, im Februar 1972

März 1972: Mit dem kleinen Sohn von Freunden

(oben) Oktober 1971: Fania Davis dankt in Berlin im Kino Kosmos Jugendlichen für die Solidarität mit ihrer Schwester Angela.

(unten) Berliner Schüler jubeln Fania Davis im Kino Kosmos zu.

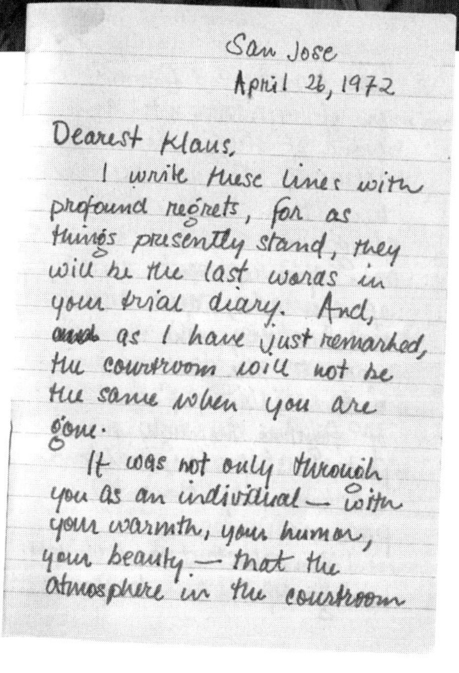

San Jose
April 26, 1972

Dearest Klaus,

I write these lines with profound regrets, for as things presently stand, they will be the last words in your trial diary. And, ~~and~~ as I have just remarked, the courtroom will not be the same when you are gone.

It was not only through you as an individual – with your warmth, your humor, your beauty – that the atmosphere in the courtroom

(oben) März 1972: Mit Henry Winston (r.), dem Vorsitzenden der Kommunistischen Partei der USA, und Klaus Steiniger

(unten) Angela Davis schrieb den letzten Eintrag im Prozesstagebuch von Klaus Steiniger.

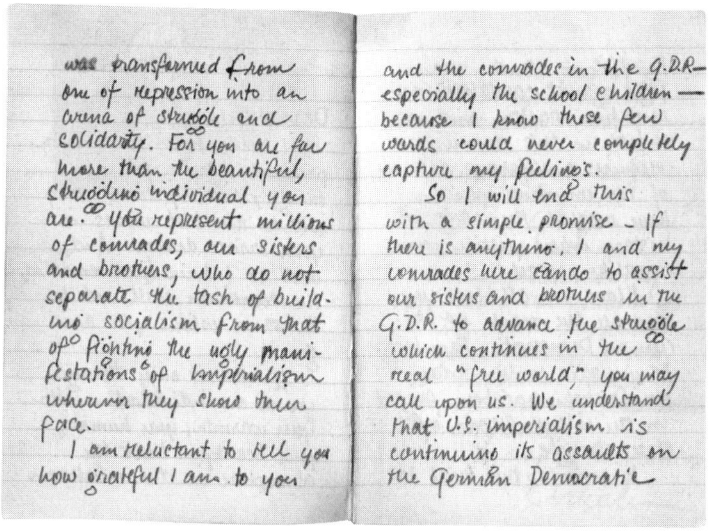

was transformed from
one of repression into an
arena of struggle and
solidarity. For you are far
more than the beautiful,
struggling individual you
are. You represent millions
of comrades, our sisters
and brothers, who do not
separate the task of build-
ing socialism from that
of fighting the ugly mani-
festations of imperialism
wherever they show their
face.

I am reluctant to tell you
how grateful I am to you
and the comrades in the G.D.R—
especially the school children—
because I know these few
words could never completely
capture my feelings.

So I will end this
with a simple promise - If
there is anything I and my
comrades here can do to assist
our sisters and brothers in the
G.D.R. to advance the struggle
which continues in the
real "free world," you may
call upon us. We understand
that U.S. imperialism is
continuing its assaults on
the German Democratic

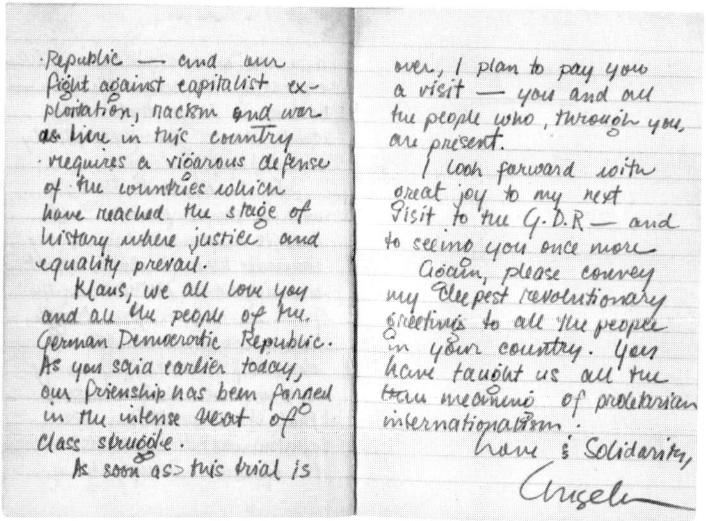

Republic — and our
fight against capitalist ex-
ploitation, racism and war
as here in this country
requires a vigorous defense
of the countries which
have reached the stage of
history where justice and
equality prevail.

Klaus, we all love you
and all the people of the
German Democratic Republic.
As you said earlier today,
our friendship has been forged
in the intense heat of
class struggle.

As soon as this trial is
over, I plan to pay you
a visit — you and all
the people who, through you,
are present.

I look forward with
great joy to my next
visit to the G.D.R — and
to seeing you once more.

Again, please convey
my deepest revolutionary
greetings to all the people
in your country. You
have taught us all the
true meaning of proletarian
internationalism.

Love & Solidarity,
Angela

Angela Davis drückt ihre Verbundenheit mit dem ND-Korrespondenten und den Menschen in der DDR aus und verspricht, nach Prozessende die Deutsche Demokratische Republik zu besuchen.

»Befehl, Angela Davis an die Reagan-Plantage zurückzugeben.
Unterzeichnet: Rockefeller.«

Freispruch am 4. Juni 1972: Angela Davis umarmt ihre Mutter Sallye.

Bei einer Rede vor 3000 Zuhörern in Chicago, 17. Juni 1972

(oben) Am 29. Juli 1973 trifft Angela Davis zu den Weltjugendfestspielen in Ostberlin ein: Nach ihrer Ankunft wird sie von Hermann Axen (r.) und Günther Jahn (l.) begrüßt.

(unten) Mit Erich Honecker auf der Ehrentribüne im Stadion der Weltjugend

Auf einer Frauenkonferenz in der Humboldt-Universität am 3. August 1973

Bei den Weltjugendfestspielen (28. Juli bis 5. August 1973)

Januar 2006: Angela Davis auf der Liebknecht-Luxemburg-Demonstration in Berlin

Befragung sofort abzubrechen. Doch Angelas Anwältin schlug zurück. »Euer Ehren: Das hier ist ein politischer Prozess. Es ist notwendig, diese Dinge zu erörtern. Angela Davis ist Mitglied der Kommunistischen Partei der USA, die sich der Sowjetunion eng verbunden fühlt. Einer Partei auch, die hierzulande nach wie vor als sowjetische Agentur verleumdet wird. Deshalb muss man das falsche Bild in den Köpfen dieser Geschworenen zurechtrücken.« Richter Arnason ließ Doris Walker gewähren.

Nicholas Gaetoni, ein untersetzter, konservativ gekleideter Mann mit kurzgeschorenem Haar, war Bilanzierer beim Elektronikkonzern Memorex. Der elterlichen Herkunft nach stammte er aus Sizilien. Sein Schwager habe als Mitarbeiter des Geheimdienstes ein gutes Auskommen, teilte der Kandidat mit. Der gläubige Katholik trainierte in seiner Freizeit Fußballmannschaften der Bezirksklasse.

Angela Davis müsse das Recht haben zu glauben, was sie wolle, nahm Gaetoni die Gewissensfreiheit ernster, als man es ihm zugetraut hätte. Für Schwarze sei es in den USA »nicht leicht«, meinte er und setzte hinzu, übrigens wäre auch den italienischen Einwanderern mit Diskriminierung begegnet worden.

Als die fast zweiundfünfzigjährige Mary Timothy zur Befragung aufgerufen wurde, konnte niemand ahnen, welche herausragende Rolle diese schwerkranke Frau mit nur noch geringer Lebenserwartung im Verlauf des Davis-Prozesses spielen würde. Doch die Stärke ihrer Persönlichkeit fiel sofort auf. Mutter eines Musikers, der den Kriegsdienst in Vietnam aus Gewissensgründen verweigert hatte, stand die mit einem Anwalt verheiratete Forschungsassistentin des Medizinischen Instituts der Stanford University in Palo Alto selbst der Friedensbewegung sehr nahe. Als am 17. April 1972 Nixons Befehl bekanntgegeben wurde, die Einfahrt zum Hafen von Haiphong mit Minensperren zu blockieren und Hanoi noch brutaler anzugreifen, fasste sie nach sorgfältiger Überlegung den Entschluss, mit einem Symbol der amerikanischen Kriegsgegner am Kleid die Box zu betreten. »Die Ausweitung des Krieges war in diesen Tagen Hauptgesprächsthema im Versammlungsraum der Jury. Die meisten von uns waren erschüttert über Präsident Nixons Entscheidung, Nordvietnam zu bombardieren«, schilderte Mary Timothy später ihren »wichtigen Schritt«.[5]

DER EINZIGE »FARBIGE«

Luis Franco machte einen bescheidenen Eindruck. Er war – nach amerikanischen Regeln – der einzige »Nichtweiße« in der Geschworenenmannschaft. Mit 18 Jahren aus Mexiko nach San José gekommen, betrachtete er Englisch noch immer als eine Fremdsprache, die er nur lückenhaft beherrschte. Der braunhäutige Mann »vertrat« jenes Viertel der Bevölkerung des Santa Clara County, das man als Chicanos – US-Bürger mexikanischer Nationalität – bezeichnete. Franco war Tellerwäscher gewesen, hatte in der Armee gedient und sich in der Abendschule schließlich für die Datenverarbeitung qualifiziert. Auf diesem Gebiet beschäftigte ihn IBM – weltweit eine der größten Computerfirmen.

»Ich war neugierig, eine richtige Kommunistin – Miss Davis – kennenzulernen«, gestand er in gebrochenem Englisch. »Ich habe nämlich immer darauf gewartet, dass mir jemand eine intelligente Antwort auf die Frage gibt, was die Kommunisten eigentlich wollen.« Doris Walker hatte Franco gefragt, ob ihm bekannt sei, warum Millionen und Abermillionen Menschen in aller Welt den kommunistischen Parteien angehörten, und ob er wisse, dass die KP der USA für alle Unterdrückten des Landes ein neues System sozialer Gerechtigkeit errichten will. Aus den Worten des einzigen »Farbigen« auf der Geschworenenbank klang Bedrückung, als er erklärte: »Bei uns in Mexiko gab es immer nur Mexikaner. Hier aber gibt es Schwarze, Gelbe und Kaukasier.«

Mrs. Rosalie Frederick, alleinige Ernährerin einer Familie mit drei Kindern, verdiente ihren Lebensunterhalt durch das Rahmen von Bildern. Eine liberale Jüdin, hatte sie in den sechziger Jahren Anteil an der Bürgerrechtsbewegung im Süden des Landes genommen. Später unterstützte sie den Kampf für die Gleichberechtigung der Frau in den USA. Es schien, als verstände sie gut, aus welchen Gründen man Angela Davis verfolgte. Der Ankläger notierte sich jedes Wort, als die Jurykandidatin bekannte, »gefühlsmäßig« sei es für sie »leichter, die Angeklagte für unschuldig als für schuldig zu erklären«. Auf Leo Brantons Frage, was sie bisher in der Presse über den Fall gelesen habe, gab sie zur Antwort: »Immer dieselben Worte: Menschenraub, Mord, Verschwörung.«

Ralph Delange, der jeden Morgen mit dem Motorrad zum Gericht kam, war der einzige der zwölf Geschworenen, den man zum Zeitpunkt des Prozesses als Arbeiter bezeichnen konnte. Hinter dem Neununddreißigjährigen lag ein wechselvoller Weg. Absolvent der Universität Montana und Oberschullehrer für Englisch, Französisch und Latein, versah er, der zuvor eine Tankstelle gepachtet hatte, jetzt die Aufgaben eines Wartungselektrikers bei Memorex. Lehrersohn Delange, der seine Kindheit in einem Indianerreservat verbracht hatte, gehörte zu jener Minderheit in der Jurybox, die politisch engagiert war. In der Bewegung gegen den Vietnamkrieg, im Umweltschutz und vor allem als Wahlhelfer der zum linken Flügel der Demokratischen Partei gehörenden afroamerikanischen Kongressabgeordneten Shirley Chisholm, die sich 1972 um die Präsidentschaft der Vereinigten Staaten bewarb, zeigte Ralph Delange seine Farben.

Das waren die acht Frauen und vier Männer, denen Angela Davis am Morgen des 14. Februar zur Verblüffung des Anklägers ihre Zustimmung gegeben hatte. Unter diesen Geschworenen fehlte es nicht an Leuten, denen Unwissenheit und Vorurteil den Blick trübten. Doch es gab in ihren Reihen auch Menschen, die sich – von Unbehagen über den Krieg in Südostasien und wachsenden Zweifeln über die »Lebensqualität« im eigenen Land erfasst – der Wahrheit nicht länger verschlossen. Die Verteidigung stellte sich das Ziel, die einen wie die anderen von der Haltlosigkeit der Anklage und der Schuldlosigkeit der Angeklagten zu überzeugen.

Wer angenommen hatte, die Ersatzgeschworenen – bei Prozessen von langer Dauer schreibt das amerikanische Recht deren Benennung zwingend vor – wären im Nu gefunden, musste bald seinen Irrtum erkennen. Die Auswahl der vier Kandidaten nahm Tage in Anspruch. Beide Seiten hatten nun die Möglichkeit, jeweils gegen acht Anwärter ihr Veto einzulegen. Während Harris nur einmal – im Fall der bereits erwähnten Indianerin Eunice Hewitt – von diesem Recht Gebrauch machte, lehnten Angelas Anwälte insgesamt fünf Ersatzgeschworene ab.

Besonders dramatisch verlief das »Verhör« eines gewissen Robert Doran. Der Oberingenieur vom Pacific-Telefon-Konzern legte sofort eine Platte mit antikommunistischen »Evergreens« auf. »Der Kommunismus ist Feind aller Religionen und aller gläubigen Menschen«, verkündete er. »Die Kommunisten sind ein Geheimklub, der seine Karten nicht aufdeckt.« Es sei niemandem verborgen geblieben, dass es »eine Verschwörung aller Kommunisten zur Beherrschung der Welt« gebe. Die KP der USA betrachte er »lediglich als Filiale der KPdSU und dieser untergeordnet«. Moskau wolle die amerikanische KP »zur Eroberung der Vereinigten Staaten benutzen«, behauptete Doran.

Nachdem sich Leo Branton diese Litanei angehört hatte, sagte er, überzeugt, der Richter werde den Kandidaten von sich aus sperren: »Mister Doran, ich gehe doch nicht fehl in der Annahme, dass sie eine abgrundtiefe Feindschaft gegenüber der Angeklagten empfinden?« Der »Falke« versuchte nicht die »Taube« zu spielen. »Ich denke noch heute, dass ihre Entlassung durch die UCLA gerechtfertigt war«, erwiderte er.

Ein Raunen ging durch den Saal, als Angela Davis ankündigte, sie wolle – als Verteidigerin in eigener Sache – den von Richter Arnason noch immer nicht für befangen erklärten Anwärter selbst befragen. Ihre sachliche Art, ihr ruhiger Ton, ihre geistige Disziplin und ihr bestimmtes Auftreten brachten Doran bald zur Verzweiflung. Er, der eben noch hoch zu Ross angeritten war, wirkte nun wie ein Schüler, der seinen Text vergessen hatte.

83 Minuten dauerte das Verhör. Als sich Doran einen »Freund der Afroamerikaner« nannte, war Angela bei ihrem Thema. »Waren Sie jemals mit einem Schwarzen oder Chicano befreundet?« – »Nein«, gab Doran zu. »Haben Sie irgendwann einmal einen Schwarzen zu sich nach Hause eingeladen oder mit ihm zusammen Mittag gegessen?« Wiederum lautete die Antwort: »Nein.« Und: »Durften Ihre Kinder, als sie klein waren, mit schwarzen Kindern spielen?« Abermals: »Nein.« »Und Sie wagen es, sich als ›Freund der Afroamerikaner‹ auszugeben!«, zog die Angeklagte das Fazit.

Nun versuchte Doran die Flucht nach vorn anzutreten. Hasserfüllt nannte er Angela Davis »eine schwarze Rassistin«! Doch sie ließ sich nicht aus der Ruhe bringen. »Ich bin sehr besorgt um das Schicksal meiner schwarzen Brüder und Schwestern, aber ich sorge mich genauso um das Los der Indianer, der Puertoricaner, der Eskimos, der Chicanos und der armen Weißen dieses Landes, um die Sinnlosigkeit des Sterbens all derer, die in die Schreckensmühlen des Vietnamkrieges hineingetrieben werden«, erwiderte sie, ohne auch nur die Stimme zu heben.

Lächelnd, überlegen, ja sogar bisweilen in einen scherzhaft-ironischen Ton verfallend, ließ Angela Davis ihrem Gegner keine Chance. »Was wissen Sie vom Kommunismus?«, lautete eine weitere Examensfrage, die dem bereits entnervten Prüfling gestellt wurde. »Beschreiben Sie kurz seine Ziele!« Die Kommunisten wollten eine von ihrer Philosophie beherrschte Welt, wich Doran einer Antwort aus. Doch dieses Thema hätte er lieber vermeiden sollen. »Worin besteht der wesentliche Inhalt der kommunistischen Philosophie?«, setzte Angela nach. Nun begann das große Stottern. Mit antikommunistischen Schlagworten und Halbsätzen suchte sich Doran über die Runden zu retten. »Wir waren bei der Philosophie«, beharrte Angela unerbittlich. »Wie Sie sehen, habe ich von der kommunistischen Philosophie keine Ahnung«, streckte der Kandidat die Waffen.

Als letztes Thema behandelte die Angeklagte das Problem der akademischen Freiheit in den USA. »Sie können denken, was Sie wollen«, raffte sich der erschöpfte Doran noch einmal auf, »aber ich bin entschieden dagegen, dass Kommunisten an amerikanischen Schulen oder Hochschulen lehren dürfen.«

Angela ließ ihrem Gegner keine Atempause. »Würden Sie den Aussagen eines kommunistischen Zeugen Glauben schenken?«, fragte sie Doran direkt. »Möglicherweise nicht«, erwiderte dieser. »Ich habe jetzt selbst das Gefühl, dass ich voller Vorurteile Ihnen gegenüber bin«, gab er auf.

Angelas Lektion machte auf die Geschworenen starken Eindruck. Es war unverkennbar, das die als »gefährliche Verbrecherin« porträtierte und vom FBI auf die Meistgesuchtenliste gesetzte Kommunistin in diesen Minuten auch aus der Jurybox bewundernde Blicke erntete. Harris aber, der bereits Dutzende weißer Taschentücher beim Betupfen von Stirn, Gesicht und Nacken aufgebraucht hatte, schwitzte noch mehr.

Am darauffolgenden Tag war Angelas grandioser Auftritt ein Schlagzeilenthema der Presse. »Die Philosophiedozentin« habe »die Rolle eines Quizmasters gespielt«, schrieb der »San Francisco Chronicle« unter der Überschrift »Angela erzielte großen Pluspunkt«. In dem auf der Titelseite des Blattes erschienenen Beitrag war von einem »spektakulären Sieg« und einer »intellektuellen Schlacht« die Rede. Selbst der die Angeklagte ununterbrochen grob verleumdende »San José Mercury« rang sich dazu durch, Angela »kultivierte Überlegenheit« zu bescheinigen.

Harris gab sich die größte Mühe, wenigstens für die Ersatzbank die richtigen Leute zu erwischen. Da war zum Beispiel Mr. Ray Dail, Computerprogrammierer bei General Electric. Offenbar gehörte er zu den Favoriten des Anklägers. Er lese wenig, gab sich der Kandidat zunächst unpolitisch. »Unsere Zeitungen sind sowieso nicht glaubwürdig«, fügte Dail sogar Kritisches hinzu. Von Howard Moore »gegrillt«, konnte er dann aber seine Querverbindungen zum Sheriffsamt des Santa Clara County nicht leugnen. Er habe Freunde und Bekannte bei der Polizei, darunter den vom Gericht freigesprochenen Beamten Robert Watts, der am 19. September 1971 den afroamerikanischen IBM-Chemotechniker John Henry Smith wegen einer angeblichen Verkehrsübertretung erschossen hatte. Watts und ein anderer dienstfreier Polizist waren einem dritten Beamten, der den Wagen des später Ermordeten nachts um 2.30 Uhr wegen »Missachtung des Wendeverbots« gestoppt hatte, »zu Hilfe gekommen«. Smith war, durch die bedrohliche Anwesenheit dreier weißer Hilfssheriffs erschreckt, aus dem Wagen gesprungen und in ein Haus gelaufen, wo ihn die tödliche Kugel getroffen hatte.

Nachdem Dails Anhörung beendet war, erhob sich Harris. Mit der Erklärung, das »Volk« akzeptiere die vier Ersatzgeschworenen,wollte er die zuvor von der Verteidigung angewandte Taktik nachahmen und weiteren Veränderungen in der Jury vorbeugen. Augenscheinlich hatte er das Quartett zusammen, von dem er sich etwas versprach. Howard Moore ließ sich darauf nicht ein. »Die Verteidigung schließt Mister Dail aus«, sagte er ruhig. Das Spiel ging weiter.

DAS KAINSMAL DER MISSIONARIN

Miss Christine Warren, die den entlassenen Kandidaten vorübergehend ersetzte, hatte einige Jahre im Auftrag der Mormonenkirche als Missionarin gearbeitet. Aus Neuseeland zurückgekehrt, war sie jetzt als Scheckprüferin tätig.

Leo Branton ging auf eine »weltanschauliche Besonderheit« der vor allem in Utah angesiedelten Sekte ein: ihren Rassenseparatismus. Schwarzen verweigerten die Mormonen grundsätzlich jeden Aufstieg zur Priesterschaft. »Woran liegt das eigentlich?«, fragte der Anwalt die Kandidatin. »Wir betrachten die Schwarzen als Nachkommen Kains«, antwortete die Exmissionarin. »Des Brudermörders?« – »Ja.« – »Und was ist ihr Kainsmal?«, wollte Branton wissen. »Ihre schwarze Haut«, erwiderte Miss Warren ohne Erröten. Das interessierte den Verteidiger. Könne wirklich niemand, der auch nur einen Schwarzen unter hundert Vorfahren besitze, bei den Mormonen das geweihte Amt antreten, stellte er eine Falle auf. »Nein«, erwiderte die

Juryanwärterin. »Aber ich könnte doch zum Beispiel Priester in Ihrer Kirche sein?«, erkundigte sich der hellhäutige Anwalt. »Sie, Mister Branton – natürlich«, gab die Befragte zurück. »Sie haben sich leider getäuscht: Auch ich bin schwarz«, sagte der Verteidiger zum Entsetzen der früheren Missionarin. »Wie Sie sehen, kommen wir in allen Schattierungen vor.« Für einen Augenblick zog Heiterkeit in den Gerichtssaal ein. Leo Brantons feine Ironie, hinter der sich nicht wenig Bitterkeit verbarg, durchbrach die strenge Atmosphäre.

Der Verteidiger forderte Arnason nun auf, die Kandidatin auszuschließen. Harris protestierte heftig gegen die »Diskriminierung der Religion«. Der Richter gab dem Einspruch des Staatsanwalts statt. So blieb nur der Weg des Vetos.

Nicholas Keiderling, der an Miss Warrens Stelle trat, war eher schlimmer als besser. Er sei über »den Davis-Fall voll im Bilde«, ließ er keine Zweifel aufkommen. »The Wall Street Journal«, das er für eine »wirklich gute Zeitung« halte, habe ihn ausreichend informiert, tat der sechsundzwanzigjährige Elektroniktechniker, dessen Bruder beim Rüstungskonzern Lockheed arbeitete, gleich zu Anfang kund. Keiderling hatte sich freiwillig zur Marine gemeldet und war daraufhin der Besatzung eines im Raum Taiwan – Okinawa – Philippinen kreuzenden »Patrouillenboots« zugeteilt worden, das dem Elektronischen Überwachungsdienst (ELINT) der Nationalen Sicherheitsbehörde (NSA) unterstand. Als Mitarbeiter des militärischen Aufklärungsapparates der USA versah er wiederholt auch in Indochina »amtliche Pflichten«.

»Haben Sie Vorurteile gegen Miss Davis, weil sie und ihre Partei für ein Ende des Vietnamkrieges aufgetreten sind?«, fragte Doris Walker, deren Vorstöße stets politische Akzente setzten, den Abhörspezialisten der NSA. Doch Keiderling verbarg, seine wahre Meinung, um das Anliegen der Anklage, ihn durchzubekommen, nicht zu gefährden. Die Verteidigung brachte seine Kandidatur dennoch zu Fall.

Die Kette »absolut unvoreingenommener Geschworener«, die von Konzerningenieur Doran bis zu Funkspion Keiderling reichte, riss noch immer nicht ab. Mit Pat Venmillion, Kosmetikvertreterin, Frau des Teilhabers eines mittleren Dienstleistungsunternehmens und Schwägerin des Vizepräsidenten der Bank of America von San Francisco, blieb man ganz in der antikommunistischen Familie. Die Entlassung von Angela Davis durch die UCLA sei »absolut richtig« gewesen, da sie »den Universitätsbestimmungen entsprochen« habe, gab sich Mrs. Venmillion als »Patriotin« zu erkennen. Amerikas Schwarze besäßen durchaus »Chancengleichheit«, meinte sie. Die Anhänger der afroamerikanischen Befreiungsbewegung wollten »nichts als Gewalt«. Ihnen gehe es lediglich um das »Anzünden von Läden, Plünderungen und Aufruhr«, ereiferte sich die nach der letzten Mode gekleidete Lady, der man förmlich ansah, dass sie ihre schwarzen Dienstmädchen schikanierte.

Auch Mrs. Venmillion musste, von der Verteidigung abgelehnt, den Gerichtssaal nach kurzem Zwischenspiel verlassen, was sie sehr bedauerte. Dieses Los teilte mit ihr schließlich noch ein gewisser Jackson Rush, der ein führendes Amt bei den traditionell konservativen Pfadfindern versah und Schwager eines Vizesheriffs war.

Am 17. März um 12.25 Uhr – nach fast drei Verhandlungswochen und insgesamt 13 Prozesstagen – akzeptierten beide Seiten endgültig die Jury. Damit standen auch die Namen der vier Ersatzkandidaten fest. Nachdem Michelle Savage bereits den Platz der aus der Hauptgruppe kurz zuvor ausgeschiedenen Mary Titcomb eingenommen hatte, handelte es sich nun um den Pensionär Robert Seidel, die Sekretärin Barbara Deutsch, den Angestellten eines Chemiekonzerns Samuel J. Conroy und den neunzehnjährigen Studenten John Tittle.

Dank der Wachsamkeit der Davis-Verteidigung war eine Geschworenenmannschaft nach den Vorstellungen des Mr. Harris nicht zustande gekommen. Angela und ihre Anwälte hatten den Regisseuren der großen Verschwörung gegen die KP der USA schon in der ersten Phase des Schauprozesses von San José eine erfolgreiche Schlacht geliefert. Obwohl die Beweisaufnahme noch bevorstand, war es ihnen gelungen, das mit so viel Eifer geschaffene Vorurteil gegen die Angeklagte wirkungsvoll zu untergraben.

Um den Prozessparteien die Möglichkeit zu geben, ihre Eröffnungsplädoyers noch einmal zu überarbeiten, ordnete der Vorsitzende eine Unterbrechung des Verfahrens bis zum 28. März an. Auch die Reporter bedauerten es nicht, dass eine Pause eingelegt wurde. Ich bekam so Gelegenheit, meine Landeskenntnisse durch Abstecher in andere Gegenden der Westküstenregion der USA zu erweitern.

VERABREDUNG MIT HENRY WINSTON

Doch zunächst war ich mit Henry Winston verabredet. Nicht zum ersten Mal hatte der in langen Haftjahren erblindete Vorsitzende der KP der USA, Enkel eines Sklaven aus Mississippi, die Beschwerlichkeiten der Reise von New York nach Kalifornien auf sich genommen, um Angela Davis in ernster Zeit durch seine Anwesenheit zu ermutigen. Zusammen mit dem heutigen stellvertretenden Vorsitzenden Jarvis Tyner, der damals kommunistischer Vizepräsidentschaftskandidat war und den Jugendverband YWLL leitete, war er nach San José geflogen.

Als ich am Morgen des vorletzten Tages der Geschworenenbefragung das Foyer des Gerichtssaals betrat, wartete »Winnie«, wie ihn seine amerikanischen Kampfgefährten liebevoll nannten, schon auf einer Bank in der Halle. Die wie immer ihre Waffen zur Schau stellenden Hilfssheriffs hatten den Einlass noch nicht freigegeben. Ich setzte mich neben den kräftigen Mann mit dem weißen Taststock und erklärte ihm, wer ich sei. »Genosse Winston, zuletzt haben wir 1968 in deinem Zimmer im Dresdner ›Hotel Astoria‹ miteinander gesprochen. Du hast mir damals ein Interview für unsere Zeitung gegeben.«

Ich glaubte, noch mehr sagen zu müssen, doch Henry Winston unterbrach mich. Er sei über meine Anwesenheit bereits informiert und erinnere sich im Übrigen lebhaft an die immerhin dreieinhalb Jahre zurückliegende Begegnung in Dresden. Wir tauschten unsere Ansichten über den Verlauf des Davis-Prozesses aus und verabredeten für den übernächsten Tag ein längeres Treffen an einem geeigneteren Ort. Es fand im Haus von Bettina Aptheker und Jack Kurzweil statt. Angela und Mickey Lima, ein legendärer Gewerkschaftsführer der Fischer und Holzfäller des amerikanischen Nordwestens, der schon in weit zurückliegender Zeit manchen harten Strauß mit den Unternehmern ausgefochten hatte und nun seit langem die Parteiorganisation Nordkalifornien leitete, waren bei dem Gespräch zugegen.

Angela Davis gehöre zur Vorhut des Kampfes für die demokratischen Rechte und Traditionen aller Amerikaner und zugleich zur Avantgarde der schwarzen Befreiungsbewegung, sagte Winnie. Ihre Genossen seien stolz darauf, mit welcher Würde und Prinzipienfestigkeit sie den Feinden begegne. Diese seien außerstande gewesen, ihr Komplott zur Isolierung der Partei zu verwirklichen. Im Gegenteil: Tausende neuer Mitstreiter hätten sich in den letzten Monaten der KP der USA angeschlossen. Angelas Haltung begeistere viele wertvolle Menschen. Henry Winston führte ein bewegendes Beispiel an: Unter den Delegierten des vor Wochen in New York abgehaltenen 20. Kongresses der KP der USA habe sich auch eine Frau befunden, die durch Angelas Vorbild in die Reihen der Kommunisten geführt wurde: Inez Williams, die Mutter des Soledad-Bruders Fleeta Drumgo.

Mickey Lima schaltete sich ein. »Ich glaube, wir haben jetzt das kritische Stadium des Kampfes für Angelas endgültige Befreiung erreicht«, erklärte er. Positiv sei, dass die Solidaritätsbewegung in den Vereinigten Staaten qualitativ neue Züge annehme. Die Arbeiterklasse beginne, sich um die Sache zu kümmern. Wenige Tage zuvor habe beispielsweise der sämtliche Gewerkschaften dieses Bezirks zusammenfassende Labor Council des benachbarten Alameda County drei Resolutionen verabschiedet – eine sei gegen Nixons Maßnahmen zur Zerschlagung der Hafenarbeiterstreikfront an der Westküste gerichtet gewesen, die beiden anderen hätten sich mit dem Davis-Prozess und der in San José herrschenden Atmosphäre befasst.

Auch bei dem Gespräch in Bettinas und Jacks Haus fiel mir ein hervorstechender Charakterzug Angelas auf: ihre Bescheidenheit. Obwohl sich die Unterhaltung in erster Linie um sie drehte, schwieg sie, bis die erfahreneren Genossen ihren Standpunkt dargelegt hatten. Als besonders angenehm empfand ich, dass zwischen ihrem Auftreten im Gerichtssaal und der Art, wie sie sich beim Gespräch im kleinen Kreis gab, kein Unterschied bestand. Man spürte dieselbe Sachlichkeit, dieselbe menschliche Wärme, dieselbe Fähigkeit, Verstand und Gefühl auf harmonische Weise miteinander zu verbinden.

Wir unterhielten uns an diesem Tag vor allem über die Wirkungen der Solidarität. Weder innerhalb des NUCFAD noch unter den ausländischen Freunden Angelas hatte man die Illusion, der Weltprotest allein werde die Einstellung der gegen Revolutionäre in den USA ergriffenen Repressalien herbeiführen. Er war nur einer der Faktoren, die ins Gewicht fielen – allerdings ein sehr bedeutender. Hinzu kam in erster Linie die Reaktion des amerikanischen Volkes selbst. Doch auch die Zusammensetzung der Geschworenenjury, die Haltung des Richters und andere Einflüsse spielten durchaus eine Rolle. Schließlich musste man in Betracht ziehen, dass das innenpolitische Kräfteverhältnis in den Vereinigten Staaten von Amerika die herrschende Klasse des mächtigsten kapitalistischen Landes eindeutig begünstigte.

Dessen ungeachtet war es der amerikanischen Führung nicht gleichgültig, ob sie sich einer den Erdball umfassenden Protestbewegung gegenübersah oder nicht. Die Angela Davis zu Hilfe kommende Solidarität hatte nicht wenig erreicht: Da das Verfahren unter internationale Kontrolle gestellt worden war, mussten maßgebliche Kreise der Vereinigten Staaten jetzt daran interessiert sein, den Schauprozess von San José so korrekt wie möglich über die Bühne zu bringen. Damit aber war der ursprüngliche Plan durchkreuzt.

Sie habe Millionen Briefe und Karten aus der DDR erhalten, berichtete mir Angela. Mehr vielleicht als aus jedem anderen Land. Manche bewegende Einzelgeste habe sich ihr eingeprägt. Sie erwähnte den fast siebzigjährigen Betriebspförtner, der sich auf seine alten Tage hingesetzt hatte, um zum ersten Mal in seinem Leben ein Gedicht zu schreiben. Sie sprach von dem Päckchen aus Zella-Mehlis, das die Tonbandaufnahme des von einem Schüler komponierten Liedes »Für unsere Angela« enthielt. Und sie erwähnte die schönen bunten Blumen, die ihr die Kinder des 2. Sorbischen Schulhorts in Bautzen gemalt hatten. Wohl aus jedem Ort der DDR seien ganze Berge solcher Blumen eingetroffen. »Sie alle wurden zu Schlüsseln, die meine Zellentür öffneten«, sagte Angela. Leider habe die Kraft nicht immer gereicht, um jene zu retten, für welche gekämpft wurde. Viele Genossen hätten als Märtyrer den Tod gefunden. »Doch mich hat die Solidarität zunächst einmal aus der Haft befreit …«

Nach unserer Unterhaltung begaben sich Winnie, Angela, Mickey und die übrigen Teilnehmer der Gesprächsrunde zu einer »Fotositzung« in den Garten, wie das durch einen Bretterzaun abgegrenzte Wiesenstück genannt wurde. Die Bilder, die dort entstanden, spiegelten die Zuversicht wider, die schon in den Worten zum Ausdruck gekommen war.

Im »Vagabond« wartete unterdessen viel Arbeit auf mich. Nach ganztägigem Dienst im Gerichtssaal hatte ich stets einen Artikel und häufig auch noch einen Rundfunkkommentar zu schreiben und – was sich als weit schwieriger erwies – nach Berlin zu übermitteln.

ZU GAST BEI INDIANERN

Die Prozessferien boten Gelegenheit, ein Versprechen einzulösen, das ich Anfang März den Pit-River-Indianern gegeben hatte. Sobald es möglich sei, San José für einige Zeit zu verlassen, würde ich in die kalifornische Hauptstadt Sacramento kommen, hatte ich zugesagt. Vor dem dortigen Bundesgerichtshof lief seit mehreren Tagen ein Strafverfahren gegen sieben Angehörige der indianischen Befreiungsbewegung, die des Widerstands gegen bewaffnete Bundesbeamte angeklagt waren.

Angefangen hatte die ganze Geschichte mit einem Zettel, den ich unter der Tür meines Appartements durchgeschoben fand. Ich sei für den 4. März zu einer Pressekonferenz in San Josés Indianerzentrum eingeladen, stand darauf. Näheres werde mir an Ort und Stelle mitgeteilt.

Obwohl ich meine Aufmerksamkeit vor allem dem Davis-Prozess zu widmen hatte, schien mir das Angebot verlockend. In meiner Jugend war ich wie fast jeder Halbwüchsige der Indianerromantik verfallen und hatte davon geträumt, einmal mit echten »Rothäuten« den Wigwam zu teilen. Später, als ich die Dinge etwas nüchterner betrachtete, hatte mich das harte Schicksal der an den Rand der Gesellschaft gedrängten Ureinwohner Nordamerikas so manches Mal beschäftigt – auch in der journalistischen Arbeit.

Mein Entschluss, der Einladung zu folgen, geriet jedoch in Gefahr, als ich die Notizen über Ort und Zeit der Veranstaltung im entscheidenden Augenblick nicht mehr finden konnte. Aber wer nicht kommt, den holt man. Am Morgen des 4. März wurde kräftig an meine Tür geklopft. Als ich öffnete, stand ein athletisch gebauter junger Mann mit scharf geschnittenem Gesicht, Adlernase, schulterlangem, durch einen Lederriemen zusammengehaltenem Haar und einer Halskette aus grob bearbeiteten Türkisen vor mir. Er heiße Jerry Roybal und sei mit dem Wagen gekommen, um mich ins Indianerzentrum zu begleiten. Der »Wagen« erwies sich als uralter Ford-Halbtonner – ein nicht gerade luxuriöses Vehikel.

Das Lokal, zu dem er mich bringen wolle, diene den etwa fünfundsechzig Indianerstämmen, die im Santa Clara County vertreten seien, als Gemeinschaftszentrum, teilte mir Jerry unterwegs mit.

Wir fuhren zunächst durch das vornehme Villenviertel zu beiden Seiten der First Street. Vor pastellfarbenen Häusern und fantasievoll gestalteten Blumengärten standen breitschnauzige Limousinen in der Sonne. In dieser Gegend atmete alles Harmonie. Jedenfalls sah es danach aus, wenn man die in eine herrliche Umgebung gebettete Stadt unter tropisch anmutenden Palmwipfeln nur flüchtig kennenlernte oder durch ihre gepflegten Anlagen streifte. Doch gerade hier – im Schatten von Gutbürgerlichkeit – wucherten Rassismus und Frömmelei, Borniertheit, Vorurteil und Hass nicht weniger als in Georgia oder Alabama.

Wenige Hundert Meter »weiter unten«, wo Downtown San José seinen Anfang nahm, wechselte plötzlich die Szene: Dort begann das selbst am Tag gefährliche Elendsviertel, wo Drogensüchtige die Alkoholiker schon zu verdrängen schienen. Zerlumpte Gestalten mit ausgebrannten Gesichtern saßen in Hauseingängen oder hingen vor Kneipen herum. In dieser Gegend, hieß es, seien die Mieten – vor allem für ebenerdige Räume – am erschwinglichsten. Während die meisten Kaufleute bereits aus Furcht weggezogen waren, hatten sich in leerstehenden Ladenwohnungen Büros Firmen niedergelassen, bei denen es nichts zu holen gab.

Mit Eduard Baskakow hatte ich schon am zweiten Tag meines Aufenthalts in San José einen ausgiebigen Spaziergang durch diese Gegend unternommen. Dabei war uns an der Tür eines Gewerkschaftslokals ein Plakat aufgefallen. »Die Republikanische Partei hasst die Landarbeiter«, hatte der Text darauf gelautet. »Nieder mit den Republikanern!« Direkt daneben war ein Appell angeschlagen: »Organisieren wir uns für größere Siege!«

In dem Geschäftsbezirk, der sich unmittelbar an den Stadtpark anschloss, befanden sich vor den Türen mancher Läden schwere Eisengitter, und in den Kaufhäusern patrouillierten bewaffnete Privatpolizisten, vielleicht aus den Reihen jener 80 000 Wächter, die allein von der einstmals in erster Linie auf die Bespitzelung von Gewerkschaftern geeichten Pinkerton-Agentur vermietet wurden. An einem großen Schaufenster, hinter dem Möbel aufeinandergetürmt waren, las man: »Venta de Emergencia – Emergency Sale«. Das zweisprachige SOS hieß, ins Deutsche übersetzt: Notverkauf oder Bankrott. Bald darauf bog Jerry von der etliche Kilometer langen First Street ab. Unser Fahrtziel war erreicht.

Im Indianerzentrum begrüßte mich zuerst ein älterer Herr, der unverkennbar zu den Bleichgesichtern gehörte. Er stellte sich als Rechtsanwalt Aubrey Grossman vor. 1969 habe er bereits die Indianer, von denen die einstige Gefängnisinsel Alcatraz in der Bucht von San Fransisco besetzt worden war, vor Gericht verteidigt. Jetzt schlage er sich für die Leute vom Pit River. Mr. Grossman gestand mir, er sei es gewesen, der die Pressekonferenz angeregt habe, weil man auch die Anwesenheit eines zum Davis-Prozess angereisten Journalisten aus der sozialistischen Welt nutzen wolle, um das internationale Interesse für die Lage der nordamerikanischen Indianer zu verstärken.

Ich verhielt mich vorerst abwartend, zumal ich zu diesem Zeitpunkt noch nicht wusste, dass Aubrey Grossman ein unerschrockener, in fortschrittlichen Kreisen hochgeschätzter Anwalt war, der neben anderen Opfern McCarthys auch Harry Bridges, den revolutionären Führer der Docker und Schauerleute der Westküste, einst vor dem Tribunal der antikommunistischen Gesinnungsjustiz vertreten hatte.

Ein breitschultriger Mann von energischem Aussehen nahm das Wort. Er heiße Mickey Gemmill und sei Mitglied des Stammesrats der nordkalifornischen Pit-River-Indianer, stellte er sich vor. »Von uns sind nur noch fünfhundertfünfzig Menschen übriggeblieben«, begann er seinen Bericht. »Wir befinden uns in unmittelbarer Gefahr des Aussterbens. Alle natürlichen Ressourcen, die wir besaßen, hat man uns entzogen oder zerstört. Wir leben wie ein kolonial unterworfenes Volk.«

Beeindruckt hörte ich zu, wie der höchstens dreißigjährige Indianerführer die Situation umriss. Die Pit Rivers und die Angehörigen der anderen Stämme nähmen die unterste Stufe in der amerikanischen Gesellschaft ein. In einigen Gebieten seien bis zu 90 Prozent der Indianer arbeitslos. Ihre mittlere Lebenserwartung betrage nur 44 Jahre.

Mickey Gemmill schilderte Formen und Methoden der Benachteiligung. Das dem US-Innenministerium unterstellte Büro für Indianer-Angelegenheiten sei ein Kontrollapparat, eine Art Vormund, der die Indianer beaufsichtige. Es verbiete ihnen zum Beispiel, selbständig einen Anwalt zu bestellen oder Verträge abzuschließen. Im Arbeitsleben gelte der Grundsatz: »Last hired, first fired« – als Letzte eingestellt, als Erste rausgeworfen. Noch immer könne man an manchen Lokalen und Einrichtungen lesen: »Indianer unerwünscht«.

Nach dieser Einführung ging der Indianersprecher auf den Kampf der Pit Rivers ein. Sie besäßen eine gewählte, wenn auch von den Behörden nicht anerkannte Regierung, sagte er. An der Spitze stehe der Stammesratsvorsitzende Ross Montgomery.

Eigentlicher Anlass der Pressekonferenz war, wie sich herausstellte, ein Prozess als Folge einiger Vorfälle, die sich am 5. Juni 1970 ereignet hatten. An jenem Tag hätten die Pit Rivers einen Teil des Landes wieder in Besitz genommen, das ihnen zuerst unter Bruch bestehender Verträge entrissen, dann zum US-Staatsforst erklärt und schließlich dem Energiekonzern Pacific Gas & Electric – der P. G. & E. – ausgeliefert worden sei, sagte Gemmill. Daraufhin habe die Regierung über hundert Federal Troopers – unter Bundesbefehl stehende Angehörige einer Sondertruppe – gegen sie eingesetzt. Selbst Frauen, Kinder und alte Leute seien wahllos zusammengeschlagen worden. Sieben Männer, die die Ihren schützen wollten, habe man wegen Angriffs auf Polizeibeamte inzwischen angeklagt.

Das öffentliche Strafverfahren finde seit Ende Februar im zweiten Stock des Bundeshauses zu Sacramento unter Vorsitz von Richter Wilkins statt. Prozessbeobachter heiße man willkommen. Übrigens, fügte der Redner hinzu, der Hauptangeklagte sei er selbst. Jetzt bestand die Möglichkeit, Fragen an Mickey Gemmill zu stellen. Ich wollte wissen, ob der junge Indianerführer einen Beruf habe, und erfuhr, dass Gemmill zu den wenigen Studenten am San Francisco State College gehörte, die aus den Reihen der Ureinwohner stammten.

Anknüpfend an die Tatsache, dass Eunice Hewitt, eine Mitarbeiterin des Zentrums, in dem wir uns befanden, durch das Veto des Anklägers von der Geschworenenbank des Davis-Prozesses entfernt worden war, erkundigte ich mich, ob es sich dabei um einen Einzel- oder Regelfall gehandelt habe. »Indianer werden von der Staatsanwaltschaft grundsätzlich nicht in Jurys akzeptiert«, erwiderte Aubrey Grossman.

»Welche Konzerne operieren außer der P. G. & E. am Pit River?«, fragte ich weiter. »Im Ganzen befassen sich etwa hundertfünfzig große Unternehmen mit der Ausbeutung der Ressourcen und Bodenschätze dieser Region. Führend beteiligt ist die Gruppe des Zeitungsmagnaten Randolph Hearst.« Schon wieder begegnete ich diesem Namen. Er hatte ja auch im Zusammenhang mit der Entlassung von Angela Davis durch die UCLA eine Rolle gespielt.

Nach der Pressekonferenz versprach ich, mich in Sacramento blicken zu lassen, sobald die Umstände das gestatteten.

AUFBRUCH ZUM PIT RIVER

Zu viert setzten wir uns – der Jicarilla-Apache Jerry Roybal am Lenkrad, der Mobajo-Indianer Robby Ulybarry, der Deutsche Schäferhund Homer und ich – nach Nordosten in Bewegung. Unser Ziel war ein etwa 350 Meilen von San José entferntes Gebiet im Vorgelände der Sierra Nevada. Während es nicht allzu stürmisch voranging, erzählte mir Robby, der am California State College in Hayward Pädagogik studierte, manches Wissenswerte. Allein in dem Gebiet um die Bucht von San Francisco lebten 40000 Indianer, die 250 verschiedene, inzwischen allerdings weitgehend vom Englischen verdrängte eigene Sprachen besäßen. Die größte Gruppe stellten die Navajos. In den letzten Jahren, sagte der junge Mann, der wie Jerry Stirnband und Türkiskette trug, seien die Behörden durch den Aufschwung der Bürgerrechtsbewegung zu einer Reihe von Zugeständnissen gezwungen worden. Sie hätten sich beispielsweise dazu durchringen müssen, an einigen Universitäten und Colleges – so in Hayward – Studiengruppen für Indianische Sprache, Kultur und Philosophie einzurichten.

Am Rand der Autobahn tauchte das Schild »Walnut Creek – Martinez« auf. Hier drängten sich die Raffinerien von Gulf,

Arco, Shell, Texaco, Standard Oil und Mobil. Das Bild, das sich dann bot, mutete bizarr an. Im Hafenbecken lagen Seite an Seite Hunderte ausgedienter und verrosteter Transportschiffe aus dem Zweiten Weltkrieg.

Bald wandelte sich die Landschaft erneut und nahm nun Steppencharakter an. Die Travis Air Force Base blieb hinter uns zurück. Von ihr starteten viele der Nachschubmaschinen, die das US-Aggressionskorps in Südostasien versorgten. Jerry war es, der das Gespräch auf Vietnam brachte. »Mein Platz ist in Amerika und nicht in Asien«, sagte er fest. Ein Volk, das andere unterdrückt, kann selbst nicht frei sein, ging es mir durch den Kopf. Und ich sagte wohl auch so etwas.

Gegen Mittag erreichten wir Sacramento. Die immerhin 250000 Einwohner zählende Stadt mit ihren die Hauptstraßen einfassenden Orangenbäumen machte auf den ersten Blick einen friedlich-provinziellen Eindruck. Über allem erhob sich wie auch in anderen US-Bundesstaaten das Capitol – eine Nachahmung des Washingtoner Vorbilds. Hier hatten Senat und Abgeordnetenhaus Kaliforniens ihren Sitz. An der Spitze der Exekutive stand Gouverneur Ronald Reagan. Er hatte sich den Weg in die Politik über das Showgeschäft gebahnt. Seine Dreißigsekunden-Werbespots für Seifenpulvermarken waren von Fachleuten zu den wirksamsten Reklamehits der fünfziger Jahre gerechnet worden.

Zunächst suchten wir das örtliche Indianerzentrum auf. Es befand sich in einem ehemaligen Lagerschuppen und war nur dürftig eingerichtet. Mickey Gemmill und seine Freunde hießen mich herzlich willkommen. Nachdem wir aus erwärmten Blechdosen etwas gegessen hatten, begaben wir uns zum Bundeshaus in der Capitol Mall, wo auch das für den Bezirk zuständige Bundesgericht untergebracht war. Vor dem hoch aufragenden Gebäude traf ich mit Ross Montgomery und den Stammesältesten der Pit Rivers zusammen.

In der Eingangshalle des Bundeshauses befand sich eine Glasvitrine mit einer offenbar ständig gezeigten kleinen Waffenausstellung. Revolver, Pistolen, Flinten und Gewehre dieser

Typen und Kaliber, hieß es auf einer im Schaukasten angebrachten Tafel, dürften in Kalifornien von jedem erwachsenen Bürger legal erworben werden.

Der Verhandlungssaal des Bundesgerichts erinnerte an ein modernes Kino. Tatsächlich wurde in dem bis zur halben Höhe naturholzfarben getäfelten Raum gerade ein Polizeifilm von den Zusammenstößen zwischen Federal Troopers und Zivilisten vorgeführt. Viele Zuschauerbänke waren besetzt. Offenbar hatte sich fast der ganze Stamm eingefunden. Die Mehrzahl der Anwesenden waren Frauen. Ich bemerkte nicht wenige junge Mütter, die ihre Babys wiegten, um sie ruhig zu halten. Links saßen die sieben Angeklagten, rechts die zwölf Geschworenen. Wie im Davis-Prozess bemühte sich der Richter um den Eindruck von Distanz zu den »streitenden Parteien«.

Die entscheidende Frage sei, behauptete der Staatsanwalt, wer wen zuerst angegriffen habe. Die Verteidigung widersprach dieser Meinung. Nach ihrer Auffassung bestand der Kern des Problems darin, festzustellen, wer im Recht und wer im Unrecht gewesen sei. Wenn die Polizeiaktion nämlich unter Bruch des Gesetzes stattgefunden habe, seien die Indianer auch nicht zur Befolgung des ihnen erteilten Räumungsbefehls verpflichtet gewesen, argumentierte Aubrey Grossman.

Ein medizinischer Sachverständiger betrat den Zeugenstand. Der Anwalt der Pit Rivers befragte den Experten, welcher Art die Verletzungen eines bestimmten Ordnungshüters gewesen seien. Es stellte sich heraus, dass dem Polizisten überhaupt nichts Ernstes zugestoßen war. Auf Anweisung des Sheriffsamts hatte er jedoch sechs Tage stationär »behandelt« werden müssen, um die »Schwere der indianischen Gewalttätigkeit« zu beweisen.

Anschließend ging die »Kinoveranstaltung« weiter. Die Anklage zeigte Farbdias, auf denen irgendwelche Leute im Wald zu sehen waren. Ein Beamter, der die anderen bei der Attacke befehligt hatte, sollte darüber Auskunft geben, wen von den Angeklagten er in einer bestimmten Situation mit Sicherheit habe identifizieren können. Der Zeuge schwitzte. Immer wieder kam er ins Stottern. »Ich glaube …«, »Ich möchte unterstellen, dass …«, »Es könnte durchaus sein …«, »Vielleicht …« Von Beweisführung keine Spur.

Als eine Verhandlungspause eingelegt wurde, umringten mich die Pit Rivers. Sie nahmen das Interesse eines überseeischen Berichterstatters, über dessen Herkunftsland sie Aubrey Grossman aufklärte, mit Genugtuung wahr. Übrigens sahen viele von ihnen tatsächlich so aus, wie ich mir in meinen Jugendträumen Indianer vorgestellt hatte – auch wenn die meisten billige Kleider von der Stange oder abgeschabte Konfektionsanzüge trugen und nur wenige eine Feder ins Stirnband geflochten hatten. Allerdings: Für ein romantisches Indianerleben legten diese Menschen kaum Zeugnis ab. Sie gehörten unverkennbar zu den Ärmsten der Armen.

Im April erfuhr ich aus Zeitungsmeldungen, wie der Sacramento-Prozess ausgegangen war. Die Jury hatte fünf der Angeklagten freigesprochen und sich in den beiden restlichen Fällen nicht einigen können, so dass auch diese Pit Rivers – jedenfalls zunächst – nicht verurteilt wurden.

Noch am Nachmittag desselben Tages brachen wir in Richtung der Sierra Nevada auf. Das 40 Meilen breite San-Joaquin-Tal – eine der landwirtschaftlich ertragreichsten Regionen von Kalifornien – hielt, was es versprach. Riesige Obst- und Gemüseplantagen sowie ausgedehnte Weingärten nahmen den größten Teil der Ebene ein. Ab und zu wurden diese durch lichte Eukalyptushaine unterbrochen.

Die fruchtbare Gegend ist durch erbitterte Klassenkämpfe auch auf dem europäischen Kontinent bekannt geworden. Hier befand sich das Zentrum des California Grape-Boykotts, durch das die Trauben anbauenden Plantagenbesitzer zu Zugeständnissen gezwungen worden waren. Cesar Chavez, der unbestechliche Führer der Landarbeitergewerkschaft, war vor dem Druck der Bosse nicht zurückgewichen und hatte seinen überwiegend aus Chicanos formierten Verband mit strategischem Geschick in die Schlacht geführt. Einer nach dem anderen wurden die größten Weinproduzenten, die anfangs jedes Tarifabkommen mit der Gewerkschaft abgelehnt hatten, angegriffen und durch Streik oder Verkaufsboykott so lange weich geklopft, bis sie schließlich aufgaben.

IN DER SIERRA NEVADA

Als wir uns bei einbrechender Dunkelheit Redding näherten, wirkte die Autobahn wie eine Geisterchaussee. Etliche Kilometer legten wir zurück, ohne dass unser Kleinlaster einem anderen Fahrzeug begegnet wäre.

Hinter der Kreisstadt im Nordosten Kaliforniens fraß sich Jerrys Wagen immer tiefer in dichte Wälder hinein. Hier gab es, wie man mir berichtete, nicht nur zahlreiche Hirsche, sondern auch Wölfe, Luchse und Bären. Plötzlich war die Straße zu Ende. Der Motor des Halbtonners heulte auf. Noch ein wurzelreiches Stück Schneise, dann waren wir am Ziel. Im Lichtkegel des Scheinwerfers sah man alte Autogehäuse und eine armselige Hütte. Obwohl die in den Indianergründen am Pit River errichtete Kraftwerkskaskade der P.G. & E. ganz in der Nähe war, hatte man die Behausungen der Ureinwohner des Gebiets nicht an das Stromnetz angeschlossen. Die aus rohen Kistenbrettern zusammengenagelte Behelfslaube, vor der wir standen, war das in etwa 1000 Metern Höhe gelegene »Haus« von Ramon Lego. Hier lebte das Mitglied des Stammesrats der Pit Rivers mit Frau und sieben Kindern. Das jüngste war drei, das älteste 14 Jahre alt. Momentan hielten sich alle in Sacramento auf.

Nach kurzem Suchen fand Jerry eine Petroleumlampe, welche die beiden kleinen Räume notdürftig erhellte. An mehreren Stellen regnete es durch, da die Dachpappe seit langem nicht hatte erneuert werden können. Während Robby in einem Kanonenofen Feuer machte, indem er frische Holzscheite mit Benzin übergoss, sah ich mich in der Hütte um. An den Wänden der Küche fielen mir vier gerahmte Urkunden auf – sie waren Ramons Kindern für gutes Lernen in der Schule verliehen worden.

Direkt daneben befand sich ein altes Plakat der als Kopfjäger und Indianerkiller berüchtigten »California Rangers«. Es rief die weiße Bevölkerung zur »Wachsamkeit« auf und kündigte an, jeder, der herumstrolche, stehle, raube oder irgendeinen Akt gesetzwidriger Gewalt begehe, werde gehängt.

Im »Wohnzimmer« hatten die Legos fünf Matratzen ausgebreitet. Hinzu kamen zwei zerfetzte alte Sessel, die jemand weggeworfen haben musste, die Reste eines primitiven Schreibtisches, eine auseinandergebrochene »Kommode« und ein Berg Lumpen, die der Familie als »Zudecke« und Schutz gegen die Kälte dienten, wie mir meine beiden Begleiter erläuterten.

Der Wandschmuck war am aufschlussreichsten: Er bestand aus einer drei Lachse führenden Pit-River-Flagge, einem Farbdruck mit dem Bildnis Tatanka Yotankas – des auch als Sitting Bull bekannten Sioux-Häuptlings – und einer Fotomontage, auf der die überlebenden fünfhundertfünfzig Stammesangehörigen vereint waren. Unter dem Porträt des großen Indianerkriegers standen die Worte: »Lasst uns unsere Köpfe zusammenstecken und sehen, was für eine Zukunft wir unseren Kindern eröffnen können.«

Während Jerry noch einmal fortging, um die Tiere im nahe gelegenen »Camp« – zwei kleine Pferde und zwei zottige Hunde – zu füttern, hüllte ich mich in meinen Mantel und versuchte, auf einer der Matratzen etwas Schlaf zu finden. Doch es war viel zu kalt. Robby, der merkte, dass ich fror, erhob sich und warf so lange Lumpen über mich, bis ich darunter buchstäblich verschwand.

Am nächsten Morgen brieten wir uns ein paar mitgebrachte Eier, suchten die in einem ähnlichen Zustand wie Ramons »Haus« befindliche Hütte Ross Montgomerys auf und besichtigten von Autoschrottplätzen abgefahrene einstige Wohnwagen, in denen jetzt kinderreiche Indianerfamilien Quartier bezogen hatten. Es war wirklich traurig zu sehen, unter welchen armseligen Bedingungen von der kapitalistischen Gesellschaft »Ausgegliederte« in diesem reichen Land vegetierten.

Später parkte Jerry sein Fahrzeug inmitten einer Siedlung aus

Wellblech- und Blockhäusern. »Hier siehst du eins der vielen verlassenen Lager der P.G.&E. An dieser Stelle hat übrigens eine regelrechte Schlacht stattgefunden«, erklärte mir Robby. Nachdem das Camp vom Energiekonzern aufgegeben worden war, hätten die im Grunde obdachlosen Pit Rivers dort unterzukommen versucht. Kurz nach ihrem Einzug aber seien sie von Bundespolizisten überfallen und gewaltsam vertrieben worden. »Es wäre wenigstens der Anfang zu einem menschenwürdigen Dasein gewesen«, bemerkte Robby bitter. »Aber lieber lassen sie die Häuser leer stehen, Privateigentum, begreifst du!«

Die serpentinenreiche Gebirgsstraße, auf der wir fuhren, verlief unmittelbar am Abgrund zum Pit River, der hier durch zahlreiche Quellen und steil zu Tal stürzende Bäche Verstärkung erhielt. Tief unter uns in den Schluchten versperrten die Dämme Nummer fünf und sechs dem Flusslauf den Weg. Die Wassermassen wurden in vier Stauseen aufgefangen. Der technische Fortschritt ist unaufhaltsam, dachte ich, aber er darf nicht, wie im Kapitalismus, auf Kosten der Menschen gehen.

Bei Burney Falls machte der Pit – ein größerer Nebenfluss des Sacramento River – einen mächtigen Sprung. Unter lautem Getöse warf er sich 43 Meter in die Tiefe. In der Nähe des Ortes Burney befand sich der eigentliche »Kampfplatz«. Hier waren die Knüppel schwingenden Federal Troopers am 5. Juni 1970 über die unbewaffneten Indianer hergefallen. Four Corners – Vier Ecken – nannte man diese Stelle. Um ihren ungebrochenen Widerstandswillen sichtbar zu machen, hatten die »Rothäute« auf dem umstrittenen Boden – ihrem angestammten Besitz – einige traditionelle Spitzzelte aufgeschlagen und Rundhäuser – aus grob behauenen Stämmen in der Form von Jurten errichtete Unterkünfte – in die Erde gegraben.

Die Besatzungen, die in den Rundhäusern schliefen, lösten sich alle paar Wochen ab. Wer bei den Four Corners auf Posten zog, folgte nur den Befehlen der Pit-River-Häuptlinge. Für die jungen Leute aus der Befreiungsbewegung, auf die ich stieß, existierte der von Gouverneur Reagan aus gekauften Kollaborateuren gebildete Rat der Stämme ebenso wenig wie die im prächtigsten Federschmuck für Touristen posierenden Handlanger des Washingtoner Büros für Indianer-Angelegenheiten.

Im Rundhaus war es warm. Ein rotglühendes Öfchen erzeugte so hohe Temperaturen, dass man ins Schwitzen geriet, obwohl bereits ein Teil der aus Zeltplanen, Decken und Nylonhäuten bestehenden Dachverkleidung zurückgeschlagen worden war.

Während draußen die taubstumme Köchin in zwei Emailleschüsseln laut klappernd den Abwasch bewältigte, setzten wir uns auf eins der Bettgestelle in der Erdhütte, um mit der fünfundzwanzigjährigen Cecelia Narvez zu sprechen. Sie hatte ein ungewöhnlich ausdrucksvolles Gesicht: sprühende Augen, einen schön geschwungenen Mund, eine, wie mir schien, klassische Indianernase und wirre schwarze Haare. Bald stellte ich fest, dass ich eine Frau von bestechender Intelligenz vor mir hatte. Cecelia war auf dem College gewesen und hatte danach als Sekretärin bei einem Chef gearbeitet, der zwar ihr Makeup, nicht aber die in ihrem hübschen Kopf aufkeimenden Gedanken schätzte. Eines Tages war sie weggegangen und zu den Menschen ihres Volkes gezogen. Nun stand sie, mit einer olivgrünen Drillichbluse und Jeans bekleidet, in der Einsamkeit der Sierra auf Wacht für die Sache der Pit Rivers. Nur ein einzelner silberner Tanzschuh, den sie an den Eingang ihrer Behausung gehängt hatte, erinnerte noch daran, dass Cecelia einmal ein anderes Leben gekannt hatte.

»Das hier konnten euch die Behörden nicht zeigen«, sagte sie und wies auf die ärmliche Einrichtung der Erdhöhle. »Damit du siehst, wie Indianer wirklich leben, haben meine Freunde diese Tour für dich organisiert. In Filmen stellt man uns entweder als Wilde, die wie Tiere gejagt werden müssen, oder verkitscht dar. Doch wir sind weder Menschenfresser noch Helden einer romantischen Idylle. Unser Alltag ist sehr hart, und manchen hat dieses Dasein moralisch zerbrochen.«

Sie und ihre Kameraden wüssten, dass die Ausgebeuteten nicht getrennt marschieren dürften, wollten sie siegen, meinte Cecelia. Die Indianer aller Stämme, die Schwarzen, die spanisch sprechenden Braunen, die armen Weißen, aus Asien nach

Amerika gekommene Gelbe – ihrer aller Kraft müsse in einen einzigen großen Strom münden, fügte sie hinzu. Die Hautfarbe sei dabei nicht das Entscheidende. »Übrigens – sind wir etwa Rothäute? Urteile selbst!« Ich blickte sie an und bemerkte, dass ihr Teint eher brünett war. »Aber wir sind echte Rote!«, nahm ich für mich und die Unseren in Anspruch. Die Indianer, die sich im Rundhaus eingefunden hatten, lachten herzhaft. Sie schienen den Sinn der Bemerkung erfasst zu haben.

Ich erkundigte mich nach den Existenzbedingungen der Pit Rivers. Diese schüttelten nur die Köpfe. »Die Unternehmer stellen keine Indianer ein, und die kleinen weißen Siedler beschäftigen höchstens ein paar Frauen für zwei bis drei Wochen als Erdbeerpflanzer«, meinte ein Mann mit pockennarbigem Gesicht, der eine zerschlissene Schottenjacke anhatte. »Wovon existiert ihr dann?«, fragte ich. »Wir beziehen ›Wohlfahrt‹ – zum Sterben zu viel, zum Leben zu wenig«, antwortete er.

»Und wie kommt ihr mit den Weißen in der Nachbarschaft aus?« Cecelia nahm wieder das Wort: »Wir kämpfen nicht gegen die weißen Siedler mit ihren wenigen Acres Land, auch wenn uns viele von ihnen mit offener Feindseligkeit begegnen. Wir kämpfen gegen die P.G.&E., gegen die Monopole und deren Macht.« Ihre Augen sprühten Funken, als sie – halb im Scherz, halb im Ernst – daran erinnerte, dass sie einem Volk angehöre, das »gute Krieger« hervorgebracht habe.

Die Erdhütte füllte sich mit Menschen und Hunden. Immer neue Gesichter tauchten auf. Hände wurden geschüttelt, jedes Mal ein paar Worte gewechselt. Mich interessierte lebhaft, ob der Name Angela Davis auch in den Bergwäldern am Pit River ein Begriff war. Es bedurfte keiner Erläuterungen, als ich die meist jungen Männer und Frauen in der Runde nach der Angeklagten von San José fragte. Cecelia bemerkte, es gebe in ihrem Kreis wohl niemanden, der die Sache nicht verfolgt habe. »Angela Davis steht vor Gericht, weil sie Schwarze und Kommunistin ist. Sie reden viel von Freiheit und Demokratie, aber wenn jemand eine Meinung äußert, die ihnen nicht passt, machen sie Jagd auf ihn, sperren ihn ein.«

Als Jerry, Robby, Homer und ich durch die Nacht nach San José zurückfuhren, fragte einer der beiden Indianer, die mir die aufschlussreiche Exkursion ermöglicht hatten: »Hast du dich davon überzeugt, dass wir die Sache unserer Befreiung ernst nehmen?« Wie viel Mut gehört dazu, gegen eine solche Übermacht in den Kampf zu ziehen, dachte ich.

BESUCH VOM MOND

Da der Prozess erst in einigen Tagen fortgesetzt werden sollte und San José tatsächlich wenig Abwechslung bot, beschloss ich, auch noch einen Ausflug in die Gegend von Santa Cruz an der Pazifikküste zu unternehmen. In Aptos – ganz in der Nähe des Universitätsstädtchens – wohnte ein »großer Junge mit himmelblauen Augen«, der mich eingeladen hatte. Obwohl Tom Ray, von dem hier die Rede ist, bereits auf die fünfzig zuging, hatte er sich einen Schuss echter Naivität und jene natürliche Frische bewahrt, welche Männern eigen ist, von denen man sagt, sie würden ihrer Jugend niemals ganz entwachsen. Wir waren uns in der zweiten Verhandlungswoche im Foyer des Gerichtssaals begegnet. Mit ein paar Leuten aus der Gegend von Santa Cruz hatte Tom »mal nachschauen wollen, was sie mit Angela machen«. Schon seit langem hatte er sich mit dem Gedanken herumgetragen, ein örtliches Verteidigungskomitee zu gründen. Von Haus aus Lehrer, übte Tom in Aptos ein Amt im Beirat der Unitarischen Gemeinde – einer freikirchlichen Vereinigung – aus. Er hatte eine Frau, die sich erfolgreich als Gelegenheitsarchitektin betätigte, und zwei erwachsene Kinder, an denen er sehr hing. Er sei kein Kommunist, hatte mir Tom am ersten Tag unserer Bekanntschaft anvertraut, doch auch kein Antikommunist, was in einem Land wie den Vereinigten Staaten immerhin einiges bedeute. Bei den Präsidentschaftswahlen im Jahr 1948 habe er sich für Henry Wallace, den Kandidaten der Fortschrittspartei, geschlagen, jetzt unterstütze er die Afroamerikanerin Shirley Chisholm.

Wir unterhielten uns eine ganze Weile und fanden dabei manches Gemeinsame heraus. Schließlich bestand Tom darauf, dass ich übers Wochenende »dieses langweilige und lächerliche San José« verließe und zu ihm an die »Pazifikkante« käme. »Wer Aptos nicht gesehen hat, kann bei Gesprächen über die USA nicht mitreden«, machte er sich stark. »Ein Anruf genügt, und ich bin da.«

Als ich ihn jetzt verständigte, sagte er nur: »O.k. Ich hole dich morgen Vormittag ab.« Der VW Käfer, mit dem Tom erschien, besaß als »Extras« lediglich vier grellbunte Bumperstickers, wie man in den USA jene Aufkleber nennt, welche eigens für die Stoßstangen produziert werden. Die »Vagabond«-Manager machten Stielaugen, als das gleich mehrfach mit der Losung »Free Angela« bepflasterte Gefährt in ihren Hof rollte.

»Du sollst mal total abschalten«, meinte Tom, als wir San José schon eine Weile hinter uns gelassen hatten und die ersten Mammutbäume, wie es sie nur an der Westküste der USA gibt, in der Ferne auftauchten. »Sicher wird dich unser kleines Programm nicht sonderlich ermüden«, fügte er hinzu. »Es ist wirklich harmlos.«

Zuerst würden wir zu einem Talgrund fahren, wo er auf einer Wiese mit ein paar Leuten über Angela zu reden habe. Dann sei ein Essen mit Freunden im mexikanischen Restaurant von Aptos vorgesehen. Anschließend werde er mich nach Santa Cruz mitnehmen, wo ich bei der Konstituierung des örtlichen Davis-Verteidigungskomitees als Beobachter zugegen sein könne. Und schließlich hätten er und seine Frau May noch »ein leichtes Dinner arrangiert«, mit höchstens dreißig bis vierzig Bekannten, einer buntgemischten Gesellschaft. Er habe dafür gesorgt, dass alle Hautfarben, viele Berufe und sämtliche Altersstufen vertreten seien.

»Am Sonntag könntest du vielleicht in der Unitarischen Gemeinde die Morgenrede halten«, schlug Tom vor. Mir stockte der Atem. Ich und eine Andacht? »Sei unbesorgt«, suchte mich mein Gastgeber zu beruhigen, »wir sind fast alle mehr oder weniger Atheisten. Die Unitarier sind sehr weltlich. Du könntest zum Beispiel über die internationale Kampagne für Angela Davis sprechen …« Tom bemerkte meine Verwunderung und schaute mich belustigt an. »Du musst begreifen: Meine Freunde wollen mal deine Jacke anfassen und mit einem Mann reden, der nach ihrer Vorstellung direkt vom Mond gekommen ist.«

Direkt vom Mond? Unwillkürlich fiel mir Edwin (»Buzz«) Aldrin ein. Er war einer der ersten beiden amerikanischen Mondastronauten gewesen. Später hieß es von ihm, er sei dem Alkohol verfallen. Doch das nur nebenbei. Abend für Abend hatte ich Aldrin in einem jener Werbespots gesehen, mit denen jeder Film, jedes Unterhaltungsprogramm der Fernsehstationen wieder und wieder unterbrochen wurde. Er hatte sich dem Publikum vorgestellt und zunächst von seiner großen Tat berichtet. »Als ich damals auf dem Mondboden stand, glaubte ich, nichts in der Welt würde mich noch erschüttern können«, sagte Aldrin, während ein Auto in die Szene geschoben wurde. »Doch dann sah ich den neuen Volkswagen«, fuhr er fort. Ich war schockiert. 30 Sekunden für den Mann, der wirklich direkt vom Mond gekommen war und jetzt wie ein Waschmittel vermarktet wurde.

»Versteh doch«, griff Tom den Faden wieder auf, »die Neugier ist groß. Neunundneunzig Prozent der Amerikaner haben noch nie mit einem Kommunisten gesprochen.«

Toms »harmloses« Programm – ich hatte ihm unter der Bedingung zugestimmt, mich nicht in öffentliche Aktivitäten einzubeziehen, die meinem Status widersprachen – kostete Kraft. Zunächst war da The Ground – eine ausgedehnte Waldwiese, auf der mein Begleiter inmitten des Gewimmels von Picknickgruppen seine Gesprächspartner ausfindig zu machen hoffte. »Dort sind sie ja«, rief er nach anfangs erfolgloser Suche erfreut und wies dabei auf einen frisch gefällten Baum, auf dessen Schnittfläche jemand mit Teerfarbe »Angela« geschrieben hatte. Zwölf Leute waren versammelt: Lehrer, Studenten, Gewerkschaftsfunktionäre, Hausfrauen und Rentner. Sie hatten es vorgezogen, unter freiem Himmel zusammenzukommen und darüber zu beraten, wer dem Verteidigungskomitee für die

Angeklagte von San José angehören sollte. In einigen Fällen winkte man ab. Nicht jeder durfte in Gefahr gebracht werden. Denn darüber war man sich einig: Wer für Angela eintrat, musste selbst mit Repressalien rechnen.

Das Essen im mexikanischen Gasthaus war scharf gewürzt, und meine neuen Freunde aus Aptos klärten mich bei Enchiladas und Avocadosalat darüber auf, inwiefern die Unitarische Gemeinde, der schon Jefferson angehört hatte, »atheistischer als andere Religionsgemeinschaften« sei. »Wir haben eine sehr irdische Erklärung für die Christuserscheinung«, sagte meine Nachbarin, eine ältere Dame, die Mitglied des örtlichen Vorstands der Unitarier war. »In Amerika muss jeder, der in der Gesellschaft nicht als Aussätziger gelten will, irgendeine Religion und irgendeine Kirche nachweisen«, ironisierte Tom das Problem. »So bin ich eben Unitarier geworden.«

Übrigens spielte die Davis-Verteidigungskampagne auch beim mexikanischen Lunch eine Rolle. Der Schriftsteller Albert Maltz habe eine »sehr starke Erklärung für Angela« abgegeben, erfuhr ich. Andererseits sei ein Buch der Kommunistin im Drugstore von Aptos durch junge Faschisten öffentlich zerrissen worden.

Bei der Gründung des Davis-Komitees sammelte ich eine Reihe interessanter Erfahrungen. Kurz nach Beginn der Veranstaltung erschien ein kamerabewehrter Herr, von dem einige der etwa dreißig Anwesenden zu wissen meinten, wo er beschäftigt war, und hielt gruß- und wortlos jeden einzelnen Teilnehmer der Zusammenkunft auf seinem Film fest. Die übrige Zeit schrieb er mit. So sei das Sitte in Kalifornien, sagte man mir. Deshalb aber lasse sich so leicht niemand von einer Sache abbringen, die er sich vorgenommen habe. Toms Vorschlag, ein Komitee zu gründen, wurde jedenfalls einstimmig gebilligt. Bloß der »Gast« war zu beschäftigt, um sich an der Abstimmung zu beteiligen.

Den Höhepunkt des Abstechers nach Aptos und Santa Cruz stellte ohne Zweifel die Dinner-Party dar, die von Tom und May liebevoll vorbereitet worden war. Die Rays hatten nicht zu viel versprochen. Tatsächlich erschienen etwa vier Dutzend Leute – Schwarze, Weiße, Gelbe und Braune. Der Hippiemaler, der mehr Haare auf Kopf und Kinn vereinte als jeder andere Mann, den ich bis dahin gesehen hatte, saß neben der honorigen Witwe des Professors der Medizin, der dunkelhäutige Filmemacher aus Los Angeles neben dem Grundstücksmakler, der mexikanische Gastwirt, den ich bereits kannte, neben dem schmaläugigen Mädchen aus San Franciscos Chinatown. Und der einarmige Sozialarbeiter teilte die Bank um den Tresen der offenen Küche mit einer Kandidatin der Demokratischen Partei für den Senat von Kalifornien. Der angesehene Tierpräparator Herman T. Beck und seine Frau Nany – ein lebenserfahrenes deutsch-amerikanisches Ehepaar – verstärkten in dem Kreis die linke Flanke. Die Atmosphäre war freundlich und aufgeschlossen. May und Tom wachten wie Schiedsrichter darüber, dass niemand die Regeln der Fairness verletzte, jener Tugend, welche der Durchschnittsamerikaner so gerne erwerben möchte, ohne sich dessen bewusst zu sein, wie weit er in Wahrheit oft von ihr entfernt ist.

Nach dem guten und reichlichen Essen begann die »Fragestunde«, um die mich viele der Gäste gebeten hatten. »Seid vorsichtig«, warnte Tom, »das FBI hat jeden unserer Räume mit ›Wanzen‹ gespickt.«

Übrigens sollte ich später auf sehr drastische Weise begreifen lernen, dass sich hinter der Bemerkung des Hausherrn bitterer Ernst verbarg. In Washington entdeckte ich an der Pennsylvania Avenue, nur einen Block vom Weißen Haus entfernt, ein großes Geschäft, das sich »Spy Shop« nannte. Es hielt außer als Spray angebotene »chemische Kampfstoffe zur Selbstverteidigung« auch eine ganze Palette von Anzapf- und Aufzeichnungsgeräten bereit, darunter sogar eine falsche Cocktailkirsche. Außerdem offerierte man der Kundschaft »Anti-Abhör-Installationen für Wohn- und Schlafräume, Autos und Boote«. Sortiment und Perfektion waren beeindruckend.

Wir gingen in das größte Zimmer der Rays, an dessen Wänden poppig gemalte Aktstudien, die hübsche Tochter des Hauses darstellend, die Blicke auf sich zogen. Die ganze Gesellschaft kauerte sich auf dem zottigen Fellteppich nieder. Man erkundigte sich nach diesem und jenem, stimmte zu oder widersprach, stritt und lachte. Allen machte es Spaß. Die Themen, die angeschnitten wurden, bildeten ein breites Spektrum. Es reichte von »den Gründen des Mauerbaus« bis zu der Frage, ob sich die Vegetarier in der DDR frei betätigen könnten.

Wir hatten bereits eine ganze Weile so miteinander verbracht, als die Arztwitwe die Bemerkung machte, sie habe »für manches im Osten durchaus Verständnis«, begreife aber eines nicht: Warum seien eigentlich, wenn der Sozialismus all jene Vorzüge biete, welche ich genannt hätte, in den Anfangsjahren »viele Leute in den Westen ausgerückt«.

Ich überlegte einen Augenblick, wie man dem buntgemischten Zuhörerkreis eine allen einleuchtende Antwort geben könnte. »Gnädige Frau, fassen Sie es bitte nicht als Unhöflichkeit auf, wenn ich Ihnen mit ein paar Fragen zu antworten versuche«, sagte ich dann. Alles war gespannt, wie ich mich wohl aus der Affäre ziehen würde. »In vier Jahren begehen Sie den zweihundertsten Jahrestag der amerikanischen Revolution. Sind Sie eigentlich stolz auf diese Ereignisse Ihrer Geschichte?« Jedermann in der Runde nickte. »Betrachten Sie diese amerikanische Revolution als einen bedeutenden Vorgang in der Menschheitschronik, als Gemeingut der Völker?« Wieder wurde genickt. »Dann wissen Sie sicher auch, dass damals, als die Revolution stattfand, ein Drittel aller Amerikaner nach Kanada geflohen ist? Und gewiss ist Ihnen die Tatsache nicht entgangen, dass ein zweites Drittel gegen diese Revolution gekämpft hat … Sie sind sich schließlich zweifellos auch dessen bewusst, dass nur das letzte Drittel die Revolution verteidigt hat.«

»O.k.«, sagte die Arztwitwe lächelnd. »Sie haben meine Frage beantwortet.« Und John, der Hippiemaler, fügte mit Bassstimme hinzu: »Eine Revolution muss man schützen.« Er war 1969 in Kuba gewesen.

HARRIS BLÄST ZUM RÜCKZUG

Am 27. März begann im Schauprozess von San José das eigentliche Hauptverfahren. Schon am frühen Morgen waren der Pressebunker und das Gelände davor überfüllt. Man zählte erneut Hunderte von Journalisten. Überall hatten sich Hilfssheriffs postiert. Richter Arnason eröffnete die Sitzung mit Erläuterungen für die Geschworenen. Wie in jedem Strafprozess liege die Beweislast allein beim Ankläger. Angela Davis müsse als unschuldig betrachtet werden, es sei denn …

Um 11.35 Uhr erhielt der »Vertreter des Volkes von Kalifornien« das Wort zu seinem Eröffnungsplädoyer. Der Ankläger sprach leise, deutlich und langsam. Kam er ins Stolpern, was sich des Öfteren ereignete, dann grinste er verlegen. Da Harris durchaus kein brillanter, ja nicht einmal ein mittelmäßiger Redner war, suchte er die Männer und Frauen in der Jurybox auf andere Weise zu beeindrucken. Vor allem setzte er auf quantitative Faktoren. »Das Volk« werde umfassendes Belastungsmaterial vorlegen und hundertvier Zeugen – ursprünglich waren sogar vierhundert Aussagewillige angekündigt worden – aufbieten, um nachzuweisen, dass die Angeklagte des »Mordes im ersten Grad«, des Menschenraubs und der Verschwörung schuldig sei, behauptete der Staatsanwalt. Schon jetzt ließ er durchblicken, wie dünn das Eis war, auf dem er stand. »Wir werden nicht beweisen, dass Angela Davis persönlich bei der Schießerei im Gerichtssaal des Marin County zugegen war«, schränkte er ein. Die Angeklagte sei jedoch der »geistige Urheber« des Zwischenfalls gewesen.

Nach der alten Methode, Angriff ist die beste Verteidigung, wollte Harris weismachen, es handele sich nicht um ein Frame-up. Zugleich erklärte er, der Prozess gegen Angela Davis sei »kein politischer, kein rassistischer Fall«. Zur Debatte stehe ein »ganz gewöhnlicher Kriminalfall«.

Eins wurde damit offensichtlich: Der internationale Druck

und die Protestkampagne im eigenen Land hatten Wirkung gezeigt und sich als stark genug erwiesen, die Hintermänner des Verfahrens endgültig zur Änderung ihrer Taktik zu zwingen. Sie, die darauf aus gewesen waren, in der Person von Angela Davis die Kommunistische Partei der USA zu treffen, legten nun auf einmal Wert darauf, das Ganze als eine »simple Kriminalgeschichte« abzutun, »für deren Bewertung die politischen Querverbindungen der Angeklagten völlig unerheblich« seien. Wer Harris aufmerksam zuhörte, vernahm trotz aller scharfen Töne die Signale des Rückzugs.

Auffällig war das Bemühen des Anklägers, den Geschworenen einzureden, das Fehlen einiger Glieder in seiner Beweiskette sei etwas völlig Normales. Immer wieder warf Harris die Frage auf, wie »Zweifel an der Schuld der Angeklagten« zu bewerten seien. Dabei unterschied er zwischen »vernünftigen« und »unbegründeten« Zweifeln. »Das Gesetz fordert nicht, dass auch die letzten Ungewissheiten ausgeräumt sein müssen«, sagte er. »Alles im menschlichen Leben ist in bestimmtem Grad ungewiss. Wenn Sie nach der Beweisaufnahme nicht begründete, sondern nur undefinierbare Zweifel haben, müssen Sie die Angeklagte trotzdem schuldig sprechen«, wandte er sich an die Geschworenen. Unumwunden gestand Harris ein, die Staatsanwaltschaft besitze keinerlei direkte Beweise. Das war eine schwache Ausgangsposition.

Die zentrale Gestalt, um die sich alles drehte, fuhr der Ankläger fort, sei ein Toter: der siebzehnjährig gestorbene Jonathan Jackson. Ihn habe Angela Davis zu seiner selbstmörderischen Tat getrieben. »Hinter der kühlen, akademischen Gelassenheit verbirgt sich eine Frau, die vollends fähig ist, durch Leidenschaft zu Gewalttätigkeit geführt zu werden. Die Beweisaufnahme wird erbringen, dass ihr Grundmotiv nicht darin bestand, politische Gefangene zu befreien, sondern den einen Gefangenen, den sie liebte«, verkündete der Ankläger unter Bezugnahme auf Jonathans älteren Bruder George.

Bis ins Kleinste schilderte Harris die Geschehnisse in San Rafael. Dabei trachtete er danach, die Jury durch Beschwörung von Schreckensszenen zu beeinflussen. Die von Angela Davis zu Zwecken der Selbstverteidigung und unter Beachtung aller in Kalifornien geltenden Bestimmungen gekauften Waffen wurden eingehend beschrieben, jedes der ihr Signum tragenden Bücher erwähnt, die der junge Jackson am 7. August 1970 angeblich zur »Tarnung« ebenjener Waffen bei sich hatte.

Beim Anhören dieser Passage des monotonen Vortrags musste ich an die Worte des ins NUCFAD eingeschleusten Lockspitzels Louis Tackwood denken: »Im Gerichtsgebäude des Marin County wartete man bereits auf den Überfall, um ihn gegen Angela Davis zu benutzen. Die Polizei hatte vorher von Jacksons Abenteuer Kenntnis erhalten und nichts dagegen unternommen, weil man Angelas Bekanntschaft mit der Jackson-Familie sowie ihre zeitweilige Anwesenheit in San Francisco für einen ›großen Coup‹ ausnutzen wollte«, hatte Tackwood, langjähriger Mitarbeiter einer aus Schwarzen gebildeten Sondergruppe der Politischen Polizei zur Zersetzung der afroamerikanischen Befreiungsbewegung, im Sommer 1971 auf einer Pressekonferenz ausgeplaudert.

Nachdem Harris alle ihm nützlich erscheinenden Details der Geiselnahme von San Rafael, Angelas versuchter Flucht und der »staatlichen Gegenmaßnahmen« ausführlich dargelegt hatte, unterbrach er seinen Vortrag. Richter Arnason ordnete die fällige Mittagspause an.

Während des ersten Teils des Plädoyers der Anklage war eine höchst bedeutsame Nachricht in San José eingetroffen. Die Geschworenenjury des Prozesses, der 13 Wochen lang in San Francisco unter gleichfalls extremen »Sicherheitsmaßnahmen« gegen Fleeta Drumgo, 26, und John Clutchette, 28 Jahre, stattgefunden hatte, gelangte zu dem Ergebnis, die Angeklagten freizusprechen. Der dritte Soledad-Bruder – George Jackson –, dessen Freilassung man um jeden Preis hatte verhindern wollen, war in San Quentin erschossen worden.

Der Freispruch der Soledad-Brüder stellte ein gutes Omen für den Ausgang des Prozesses gegen Angela Davis dar. In San Francisco hatten zwölf weiße Männer und Frauen den Mut gefunden, die Erwartungen des imperialistischen Staates zu enttäuschen und der Wahrheit zum Sieg zu verhelfen. Das Beispiel könnte Schule machen, meinte meine Sitznachbarin an diesem Vormittag, die Reporterin von »Dagens Nyheter«, einer großen bürgerlichen Zeitung Schwedens.

Am Nachmittag setzte Harris sein Eröffnungsplädoyer fort. Es gebe keine Beweise dafür, dass Angela Davis mit Jonathan Jackson und anderen am Zwischenfall von San Rafael Beteiligten irgendwelche Absprachen getroffen habe, blieb der Staatsanwalt weiter in der Defensive. Außer Ruchell Magee seien ja alle »Komplizen« tot. Infolgedessen könne man nur aus »Umständen« und »Anhaltspunkten« die benötigten Indizien herausfiltern. Die Angeklagte habe Waffen besessen und »Gelegenheit gehabt, Jonathan Jackson zu unterstützen und zu beraten«. Außerdem sei sie nach dem 7. August 1970 geflohen. Schließlich – und hier wurde Harris auf einmal politisch – stütze sich ihre Ideologie auf Gewalt.

Als der Ankläger seine Darbietung zu Ende gebracht hatte, schüttelten auch bürgerliche Journalisten des Auslands und nicht wenige amerikanische Berichterstatter die Köpfe. Es handle sich um ein Gemisch aus Unterstellungen und Vermutungen, äußerte ein Produzent des finnischen Fernsehens, der beileibe kein Kommunist war.

MYSTERIÖSE GESCHEHNISSE

Am folgenden Tag sollte die Verteidigung ihre Eröffnungsrede halten. Dazu kam es jedoch zunächst nicht. Als ich eine Viertelstunde vor Sitzungsbeginn den weitläufigen Parkplatz vor dem Behördenzentrum überquerte, bemerkte ich, dass etwas Außergewöhnliches geschehen sein musste. Es hatte den Anschein, als finde gerade eine allgemeine Alarmübung sämtlicher paramilitärischer Kräfte von Santa Clara County statt. Überall sah man Polizisten mit Karabinern. Auf den Dächern waren Scharfschützen in Stellung gegangen. Ein Helikopter des Sheriffsamts kreiste im Tiefflug über dem zum »Gefahrenbereich« erklärten Bezirk, aus dem man Zuschauer und Journalisten vertrieben hatte. Selbst die Geschworenen erhielten keinen Zutritt zum hermetisch abgeriegelten Gebäude.

Nur bruchstückweise sickerte durch, was sich hier zugetragen haben sollte. Im zweiten Stock des unmittelbar hinter dem Polizeihauptquartier gelegenen Gefängnisses finde gerade ein »Ausbruchsversuch« statt, entnahm ich dem »Tatsachenbericht« eines Bewaffneten.

Die auf alle wie ein Lokaltermin zum Davis-Prozess wirkende »Häftlingsmeuterei« endete mit einem tödlichen Schuss. Als gegen Mittag die besonderen Sicherheitsvorkehrungen aufgehoben wurden, erklärte mir ein leitender Beamter des Sheriffsamts: »Wir haben ihm den Kopf gesprengt – er ist weg.« Grinsend erzählte er, ein Scharfschütze habe den Anführer der Rebellion »nach ergebnislosen Verhandlungen umgelegt«.

Offiziell wurde dann die folgende Version verbreitet: Drei Gefangene, darunter ein aus San Quentin geflohener und wieder eingefangener Mörder, hätten zwei Justizangestellte mit Messern bedroht und als Geiseln genommen. Für den Fall, dass ihnen ein Fluchtauto verweigert würde, hätten sie erklärt, seien sie zur Tötung der in ihrer Gewalt Befindlichen entschlossen.

Nach allgemeiner Auffassung der Journalisten handelte es sich um eine höchst mysteriöse Inszenierung, die den Verdacht erweckte, in einem inneren Zusammenhang zum Plädoyer des Mr. Harris zu stehen. Der ganze Vorgang hatte sich hinter den Mauern des Gefängnisses abgespielt. Wer vermochte unter diesen Umständen auszuschließen, dass irgendjemand den Geiselnehmern eine dann später nicht gewährte Gegenleistung für ihre Nachahmung von San Rafael angeboten hatte?

Da die Jury für den ganzen Tag nach Hause geschickt worden war, musste die Verteidigung ihr Eröffnungsplädoyer um 24 Stunden verschieben. Die Abendzeitungen erschienen natürlich mit Schlagzeilen, die Vergleiche zwischen dem Überfall auf das Gerichtsgebäude des Marin County und dem angeblichen Ausbruchsversuch in San José anklingen ließen. Randolph

Hearsts ultrareaktionärer »San Francisco Examiner« wählte nicht zufällig die Überschrift »Gefangenenausbruch unmittelbar neben dem Davis-Prozess«.

Am 29. März wurde die Vormittagssitzung damit eingeleitet, dass Richter Arnason auf Verlangen der Verteidigung jeden Geschworenen zunächst einzeln befragen ließ, wie er die Ereignisse des Vortags aufgenommen habe. Lediglich Mrs. Borelli blieb etwas zweideutig. »Jeder hat gesehen, was sich ereignet haben könnte«, sagte sie.

Nachdem der Richter die Geschworenen aufgefordert hatte, »den Gefängnisausbruch aus der Erinnerung zu streichen«, trug Angela Davis als Anwältin in eigener Sache ihre Eröffnungsrede vor. Wie bereits bei der Vernehmung des an ihr gescheiterten Jurykandidaten Doran hielt sie eine »Vorlesung«. Die Erklärung des Mr. Harris sei ohne jeden Beweiswert, stellte die Angeklagte zu Beginn ihrer »Lektion« fest. Die Anklage stütze sich lediglich auf Behauptungen, Erfindungen und Vermutungen. Niemand bestreite die tragischen Geschehnisse von San Rafael. Doch mit unangefochtenen Tatsachen werde eine vom Staatsanwalt ersonnene Beschuldigung verbunden: ihre Beteiligung daran. Die Anklage müsse beweisen, dass sie in den Plan – falls es diesen überhaupt gegeben habe – eingeweiht und an seiner Ausführung beteiligt gewesen sei. Harris werde diesen Beweis nicht erbringen können.

Angelas Plädoyer beeindruckte Geschworene und Zuhörer. Auch der Richter schien ihrem Vortrag mit Interesse zu folgen. Als Harris wiederholt Anstalten machte, ihr das Wort abzuschneiden, ersuchte sie den Vorsitzenden, das zu unterbinden. »Richter Arnason, bitte sorgen Sie doch dafür, dass mich der Ankläger nicht ständig unterbricht. Wir haben dem Plädoyer des Staatsanwalts vier Stunden lang zugehört. Und obwohl wir viele Male das Gefühl hatten, er sage Dinge, die nicht in eine Eröffnungsrede hineingehören, haben wir keine Einwände erhoben. Ich wäre dankbar, wenn er sich mir gegenüber genauso verhielte.« Arnason stimmte Angelas Argumenten zu. »Fahren Sie fort«, ließ er Harris abblitzen.

Zwei Jahre später schrieb die Geschworene Mary Timothy in ihrem durch Aufrichtigkeit berührenden Buch »Jury Woman« rückblickend: »Angela Davis war ganz in ihrem Element. Sie untersuchte die Thesen von Albert Harris. Er bekam keine einzige Versetzungsnote von seiner Lehrerin. Man erwartete fast, als sie endete, dass sie seine Ausarbeitung auf seinen Platz zurücklegen würde mit dem Vorschlag, das ganze Ding noch einmal zu schreiben und, in Gottes Namen, mit einer logischen Hypothese zu beginnen, bevor er es ihr abermals zum Lesen gäbe.«[6]

Besonders beeindruckend war die Reaktion der Angeklagten auf die Behauptung des »Volkes«, sie habe einen siebzehnjährigen Jungen ihrer »Leidenschaft« geopfert und in den sicheren Tod geschickt. Die Staatsanwaltschaft wisse selbst, dass das pure Erfindungen und fantastische Unterstellungen seien. »Ich habe immer für alle drei Soledad-Brüder gekämpft – für George, Fleeta und John«, sagte Angela. Die Spekulationen des Anklägers hätten »männlichen Chauvinismus« widergespiegelt, die in den USA verbreitete Vorstellung, »dass Frauen triebhaft ihren Leidenschaften und Gefühlen folgen«. Gerade diese Worte blieben nicht ohne Wirkung auf die acht weiblichen Geschworenen.

»Ja, ich habe George sehr geliebt, so wie ich Fleeta und John und alle meine Brüder und Schwestern liebe, die sich in dieser rassistischen, auf Unterdrückung beruhenden Gesellschaft unschuldig hinter Gefängnismauern befinden«, sagte Angela. Die Liebe aber, die sie im engeren Sinn zu diesem Mann empfunden habe, sei erst in ihrer eigenen Haftzeit gereift.

Übrigens, fügte sie hinzu, habe sich ja inzwischen herausgestellt, dass die Soledad-Brüder unschuldig waren. »Das wussten wir damals schon. Und es war nicht notwendig, Geiseln zu nehmen, um sie zu befreien.«

Dann ging Angela auf den Kampf der Kommunisten in den USA ein. Stolz bekannte sie sich zu ihrer Partei. »Ich stehe in einer Bewegung, die das Interesse der Mehrheit aller Amerikaner – eine sozialistische Gesellschaft – im Auge hat«, sagte sie. Wieder protestierte Harris. »Dieser Prozess hat überhaupt nichts mit politischen Dingen zu tun«, erhob er Einspruch. Doch die Angeklagte ließ sich durch solches Sperrfeuer nicht beirren. Es war faszinierend, die fast heitere Gelassenheit der jungen Frau in der rot-blau-weiß geblümten Bluse und dem roten Minirock aus nächster Nähe zu erleben. Sie hatte Harris gewogen und für zu leicht befunden, um ihn als Gegner ernst zu nehmen.

Die Möglichkeiten des imperialistischen Staates indes, repressive Mittel gegen Andersdenkende anzuwenden und Gegner der Macht der Monopole auszuschalten, unterschätzte Angela nicht. Darüber sprach sie auch in ihrem Plädoyer. Ein ganzes Netz von Polizeispionen habe man geschaffen, um sie zu »fangen«. Geheime Berichte in großer Zahl seien über jede ihrer Vorlesungen, jede ihrer Reden angefertigt worden. Und jetzt fasele der Staatsanwalt von »Leidenschaft und Liebe zu einem Mann«.

Das Eröffnungsplädoyer der Verteidigung machte um keins der von Harris ins Spiel gebrachten »heißen Eisen« einen Bogen. Ausführlich nahm Angela auch zu der Frage nach den Waffen Stellung. »Wir werden beweisen«, sagte sie, »dass ich mit gutem Grund Waffen kaufte«, und erwähnte dabei die zahllosen Morddrohungen, die gegen sie gerichtet wurden. Sie habe diese Waffen aber niemandem zur Begehung irgendeiner Tat gegeben. Mit Jonathan Jackson, sagte Angela, sei sie erst im Verlauf der Kampagne für die Soledad-Brüder bekannt geworden. Wie viele andere Freunde habe er Zugang zu ihrer Wohnung gehabt.

Zu der Behauptung des Staatsanwalts, sie sei eine »Anbeterin der Gewalt«, da man ihr gehörende Bücher zu dieser Thematik gefunden habe, darunter ein Werk mit dem Titel »Gewalt und sozialer Wandel«, bemerkte die Angeklagte mit einem Anflug von Ironie: »Im Sommer 1970 arbeitete ich an meiner Dissertation. Ihr Gegenstand war die Theorie der Gewalt in Kants politischer Geschichtsphilosophie und allgemein im deutschen Idealismus.«

Auch die Frage nach dem »Untertauchen« blieb nicht ausgespart. Ihre Flucht sei einzig und allein aus Furcht vor Polizeirepressalien, vor der Aussicht, viele, viele Monate in Haft gehalten zu werden, aus Furcht auch davor, einen Prozess mit einer rein weißen Jury zu bekommen, erfolgt. Das Bemühen der Anklagebehörde, sie zu »überführen«, erweise sich als »ein Spiel des Wahnsinns«, erklärte Angela gegen Ende ihrer mit Spannung verfolgten Rede. Sie habe nicht das Geringste mit San Rafael zu tun. Als Kommunistin sei sie grundsätzlich gegen individuellen Terror. Sie kämpfe stattdessen für eine Massenbewegung und tiefgreifende gesellschaftliche Umgestaltungen in ihrem Land.

Angela Davis blickte die Geschworenen fest an. Dann schloss sie ihr Plädoyer mit den Worten: »Wir haben das äußerste Vertrauen, dass Ihr Spruch die einzige Entscheidung sein wird, die Beweisführung und Gerechtigkeit in diesem Fall erfordern. Wir vertrauen darauf, dass dieser Fall mit Ihrer Verkündung von zwei Worten enden wird: Nicht schuldig.«

Angelas Vortrag war eine der großen Anklagereden, die in der Chronik politischer Prozesse des Imperialismus vom Platz angeklagter Revolutionäre aus gehalten wurden. Auch die zweite Phase des Kampfes zur Zerschlagung des rassistischen und antikommunistischen Komplotts hatte begonnen.

ZEUGEN NACH MASS

Die nächsten Prozesstage offenbarten den »Stil« des Anklägers. Harris ließ präparierte Zeugen aufmarschieren, schleppte grauenerregende Bilder an, die den toten Marin-County-Richter Haley mit auseinanderklaffendem Gesicht zeigten, führte Skizzen und Diagramme vor, bedeckte den Tisch im Verhandlungssaal mit Bergen unwichtiger Gegenstände und präsentierte der Jury sogar das Klebeband, das beim Fesseln der Geiseln in San Rafael verwendet worden war. Keine noch so winzige Einzelheit des Fluchtversuchs und der darauffolgenden Schießerei schien dem Ankläger zu gering oder zu unbedeutend zu sein.

Das Gebaren des Mr. Harris erweckte den Eindruck, als stünde Jonathan Jackson vor Gericht. Doch er war tot. Auch über Ruchell Magee sollte hier nicht verhandelt werden. Es ging um Angela Davis. Aber der Name der Angeklagten fiel fast eine Woche lang nicht ein einziges Mal. Sie schien für den Staatsanwalt überhaupt nicht zu existieren. Es war, als ob jemand zwei Filme miteinander vertauscht hätte und statt des angekündigten Streifens über den Äquator nun eine Reportage vom Leben der Eskimos gezeigt würde. Dutzende von Polizisten und Gefängniswärtern durchliefen den Gerichtssaal, um Nebensächliches oder Dinge mitzuteilen, die niemand in Abrede stellte.

Welche Mühe sich Regisseur Harris gegeben hatte, das Stück mit seinen unsinnig vielen Akteuren und Komparsen einzuüben, führte uns schon die erste Zeugin vor. Mrs. Maria Elena Graham, eine gutaussehende Frau in mittleren Jahren, war am 7. August 1970 als Geschworene in San Rafael tätig gewesen. Sie wurde bei dem Überfall zusammen mit dem Richter und anderen Personen als Geisel genommen und später durch den Schuss aus einer Polizeiwaffe, der die Arterie ihres rechten Armes durchtrennte, schwer verletzt. Zweimal sei sie von der Staatsanwaltschaft vorgeladen worden, sagte sie aus. »Das erste Mal am 15. April 1971, das zweite Mal … vor einer Woche.«

Hier hakte Howard Moore ein. »Hat Ihnen der Ankläger dabei eine ›kleine Gedächtnisstütze‹ gegeben?«, fragte er Mrs. Graham, die nun plötzlich »wusste«, einer der Geiselnehmer habe nach dem Überfall gerufen: »Richter Haley wird sterben, wenn die Soledad-Brüder nicht sofort freigegeben werden.« Sie besitze ein schlechtes Erinnerungsvermögen, suchte sich die nervös wirkende Zeugin zurückzuziehen, doch Moore setzte seine Befragung fort. »Mister Harris diskutierte mit mir alle Einzelheiten meiner Aussage vor Gericht. Ich sollte alle seine Fragen beantworten«, bekundete Mrs. Graham. »Er brachte das Thema der Befreiung der Soledad-Brüder ins Gespräch.«

Moore gab der unter Eid vernommenen Frau Gelegenheit, sich von der wirren Aussage zu distanzieren: »Haben Sie wirklich irgendjemanden die Soledad-Brüder erwähnen hören?« Die Exgeschworene schwieg. Harris protestierte scharf gegen »Suggestivfragen«. »Der Staatsanwalt wollte vermutlich nur Dinge in mir wachrufen, die ich vergessen haben könnte«, gab die Zeugin zu Protokoll. »Hätten Sie sich ohne Hilfe von Mister Harris *nicht* an die Sache mit den Soledad-Brüdern erinnern können?«, zog Moore den Knoten noch enger. »Das dürfte stimmen«, schluchzte Mrs. Graham. Sie wisse nicht, fügte sie stockend hinzu, welche Macht der Ankläger eigentlich über sie besitze. »Danke, das genügt«, schloss der Anwalt sein Kreuzverhör.

Der Eindruck, den bereits die erste Szene im Spiel der Anklagebeweisführung bei der Jury hinterlassen hatte, konnte nur fatal gewesen sein. Doch Mr. Harris sollte sich in seiner Fähigkeit, solche Eigentore zu schießen, noch erheblich steigern. Schon die nächsten Tage boten ihm Gelegenheit, den Geschworenen, Zuschauern und Journalisten sein außergewöhnliches Talent auf diesem Gebiet vor Augen zu führen.

Mrs. Lorenz Morris und Mrs. Doris L. Wittmer, die am 7. August 1970 ebenfalls Geschworene im San Rafael gewesen waren, gaben an, die Soledad-Brüder seien in keiner Phase des Vorfalls auch nur erwähnt worden.

Ein besonders attraktiver Zeuge des Anklägers war dann James T. Kean, Polizeireporter und Fotograf des »San Rafael Independent Journal«, einer jener Zeitungen der Asphaltpresse, aus denen Blut tropft, sobald man sie aufschlägt. Kean hatte sich einen Namen als Streikbrecher gemacht. Wes Geistes Kind der dünne, schnurrbärtige Mittfünfziger war, bewies er 1970, als er während eines zwölf Monate anhaltenden Ausstands der Drucker seines Blattes mehrfach die Postenketten der Arbeiter durchbrach. Übrigens hatte die Leitung des »unabhängigen Journals« den Lohnkampf am Ende mit der Liquidierung der Gewerkschaft abwürgen können.

Wie immer, wenn es nach Geld roch, war Kean auch am

7. August 1970 zur Stelle. »Zufällig« ganz in der Nähe unterwegs, habe er im Wagen über Polizeifunk von besonderen Vorkommnissen im Gerichtsgebäude des Marin County gehört und sei in »Erwartung einer ganz großen Sache« sofort dorthin gefahren. Im Einzelnen berichtete der Zeuge Folgendes: Er habe die an alle dienstfreien Beamten gerichtete Aufforderung, sich unverzüglich zum Justizgebäude zu begeben, als Tipp aufgefasst. Eine Viertelstunde später – was nicht stimmen konnte, da der ganze Vorfall nur zehn bis zwölf Minuten gedauert hatte – sei er am Behördenzentrum eingetroffen. Auf dem Balkon des Gebäudes hätten andere Journalisten »bereits auf der Lauer gelegen«.

Die Offiziere des Sheriffsamts, mit denen er im Foyer zusammengetroffen sei, hätten keinerlei Anstalten gemacht, irgendetwas zu unternehmen. (Und das trotz des angeblich über Funk verkündeten Großalarms!) Er habe die in einem Gespräch befindlichen Beamten »für alle Fälle« fotografiert. Dann sei er mit dem Lift in die erste Etage hinaufgefahren, wo er plötzlich die »Gruppe« der vier Afroamerikaner und ihrer Geiseln mit dem gefesselten Richter Haley gesehen habe. Er sei von niemandem daran gehindert worden, in aller Ruhe 25 bis 40 Bilder zu schießen.

Übrigens: Keans »Action«-Fotos brachten ihm später nicht nur ein halbes Dutzend nationaler Preise, sondern auch sechsstellige Dollarsummen ein!

Leo Branton beleuchtete den Charakter des Polizeireporters. »Richter Haley war seit vielen Jahren Ihr enger persönlicher Freund. Warum taten Sie nichts für ihn?«, fragte er den Zeugen des Mr. Harris. Er sei »beruflich zu stark in Anspruch genommen« worden, entgegnete dieser. Mit anderen Worten: Kean wollte sich das gewinnbringende Geschäft nicht durch Sentimentalitäten wie seine Freundschaft mit Haley entgehen lassen.

Als eine Vertrauensperson des Sheriffsamts hatte der Skandalfotograf »die Forderung der Geiselnehmer natürlich auch gehört«. Beim gemeinsamen Hinunterfahren mit dem Lift hätten sie ihm die »nur für Pressezwecke bestimmte Mitteilung« gemacht: »Wir wollen die Soledad-Brüder bis zwölf Uhr befreit sehen.« Er habe noch ausdrücklich nachgefragt, ob zwölf oder 24 Uhr gemeint sei. »Mittags«, habe Jackson erwidert.

Abermals griff Leo Branton an. »Mister Kean, wie kommt es eigentlich, dass Sie als Mitarbeiter eines auf Sensationen geeichten Blattes bei Durchgabe des Tatberichts, der unmittelbar darauf im ›San Rafael Independent Journal‹ erschien, mit keinem Wort die sensationellste Einzelheit erwähnten: das Verlangen Jacksons, die Soledad-Brüder bis zwölf Uhr freizulassen? Und wie kommt es, dass Sie sich erst hier und heute darauf besinnen können?«

»Keine Ahnung«, antwortete der Starzeuge. Kean hatte alle Erlebnisse jenes aufregenden Tages seiner Zeitung haarklein mitgeteilt, doch ausgerechnet das Ultimatum dabei vergessen. Verhielt sich so etwa ein berufsmäßiger Lieferant knalliger Revolvergeschichten? Bald klärte sich der Widerspruch auf: Auch der Polizeifotograf war zu einer »Gedächtnisauffrischungskur« bei Mr. Harris gewesen. Im Übrigen sprach alles dafür, dass Kean am Ort des von der Polizei bereits erwarteten Geschehens rechtzeitig auf der Lauer gelegen hatte.

Captain Harvey E. Teague vom Sheriffsamt des Marin County – ein weiterer Zeuge des Anklägers – war seit 17 Jahren Polizist. Am Tag des Überfalls hatte er vorsichtshalber gleich 2 Revolver umgeschnallt. Dennoch hob er widerstandslos die Arme und gab seine Waffen ab, als ihn Jonathan Jackson, ein Junge, und die anderen Geiselnehmer dazu aufforderten.

»Warum taten Sie nichts, um den Richter, den Staatsanwalt und die gefangenen Jurymitglieder zu schützen?«, wurde Teague gefragt. Er habe wie alle übrigen Mitarbeiter des Amtes Befehl gehabt, erst bei Abfahrt des Fluchtwagens im Gelände Stellung zu beziehen, antwortete der Beamte, der – kurz nach seiner Aussage – am 21. Oktober 1970 vom First Lieutenant zum Captain befördert worden war. Übrigens erwies sich Teague als ein wirklich mustergültiger Zeuge: Er hatte der gesamten Vorverhandlung in Sachen Angela Davis als verantwortlicher Gerichtssaaloffizier von San Rafael beigewohnt und wusste daher ganz genau, was der Staatsanwalt von ihm erwartete.

Am Abend des zweiten Tages der Beweisaufnahme erfuhr ich von aufschlussreichen Nebenaktivitäten des Anklägers. Mr. Harris, wurde mir von einem amerikanischen Reporterkollegen zugeflüstert, gebe am 4. April für alle der Nachrichtenagentur AP angeschlossenen Zeitungen und »sonstige Interessenten« ein »Abendessen mit Ansprache«. Je Gedeck seien sieben Dollar zu entrichten. Alle den »Fall Angela Davis« betreffenden Fragen könnten aufgeworfen werden.

Ich bewunderte die Praxis des Staatsanwalts, während eines noch nicht abgeschlossenen Verfahrens so engen Kontakt mit der Presse zu halten, und bedauerte nur, dass Angela Davis durch den Richter jedes öffentliche Auftreten strikt untersagt war. Andererseits freute mich die Tatsache, dass sich Mr. Harris gezwungen sah, so ostentativ die Flucht in die Öffentlichkeit anzutreten. Dies war kein Zeichen dafür, dass sich die Sache des Anklägers im Vorwärtsgang bewegte.

Ich sparte die sieben Dollar und folgte stattdessen der Einladung von Karen McDonnell, die für eine regionale Rundfunkstation über den Prozess berichtete. In ihrer nicht gerade luxuriös eingerichteten Wohnung traf ich eine Gruppe von Studenten der Stanford University, die mir sehr anschaulich schilderten, welche Ausmaße der Widerstand gegen den Vietnamkrieg unter ihren Kommilitonen angenommen hatte. Einige Tage später erfuhr ich, Polizeikräfte des Santa Clara County, darunter Angehörige »unserer« Sonderformation, wären äußerst brutal gegen studentische Kriegsgegner in Palo Alto vorgegangen.

Aus dem Besuch bei Karen McDonnell und ihren Freunden ergab sich noch eine weitere Einladung. Der »Stanford Daily« – die Tageszeitung der Universitätsstadt – bot mir eine Debatte über internationale Reaktionen auf den Davis-Prozess an. Ich akzeptierte den Vorschlag.

Der Meinungsaustausch mit etwa hundert künftigen Akademikern und jungen Assistenten verlief freimütig und bisweilen auch stürmisch. Natürlich stellte ich in Rechnung, dass ich mit Zöglingen einer elitären Hochschule der amerikanischen Bourgeoisie im Gespräch war. Doch auch hier gab es Verfechter der Wahrheit. Mehrere Studenten bezeichneten den Davis-Prozess als Farce. Der Staatsanwalt hätte die Verbindung der Angeklagten zum Zwischenfall von San Rafael nachweisen müssen, um überhaupt fortfahren zu können, meinte ein angehender Jurist.

Obwohl die Mehrheit der Anwesenden aufgrund von Vorurteilen und ihrer Klassenposition den Sozialismus ablehnte, fand sich in der Diskussionsrunde niemand, der seine Stimme für eine Fortsetzung des Vietnamkriegs erhob. Augenscheinlich hatten die Polizisten des Santa Clara County bei ihrer Attacke in Palo Alto auf die Köpfe von Leuten eingeschlagen, die mit einem System in Widerspruch zu geraten begannen, das von ihnen bisher »für das beste der Welt« gehalten worden war.

ÜBERFÜHRTE FALLENSTELLER

Im Gerichtssaal von San José mühte sich Harris nach Kräften. Am 18. Verhandlungstag tat er sich das Leid an, den Kriminalinspektor von Marin County, Kenneth Irving, ohne Schlittschuhe aufs Eis zu schicken. Der Zeuge, ein Schlägertyp, war für die geheime Überwachung aller Demonstrationen zugunsten der Soledad-Brüder zuständig gewesen, die im Gebiet der San-Francisco-Bucht stattfanden. In diesem Zusammenhang hatte der altgediente Polizeispion auch über die Aktivitäten von Angela Davis Buch geführt.

Obwohl Irvings Aussage für den laufenden Prozess allein den Nutzen brachte, dem Publikum die Fehlregie des Staatsanwalts vorzuführen, war sie dennoch aufschlussreich. Sie bestätigte nämlich, dass sich am Morgen des 7. August 1970 sämtliche höhere Polizeioffiziere mit dem Sheriff an der Spitze im Foyer des Justizgebäudes »friedlich versammelt« hatten. Während alle dienstfreien Beamten des Marin County angeblich per Funk alarmiert worden waren, stand ein ganzes Rudel Polizeivorgesetzter am Ort des Überfalls tatenlos herum, lieferte vier »schwarzen Terroristen« ein ganzes Arsenal an Waffen und sah unbekümmert zu, wie die Karawane mit Richter Haley das Haus in Richtung Tod verließ. »Warum haben Sie so schnell die Hände gehoben?«, wurde der harte Inspektor Irving gefragt. Dieser tauschte einen Blick mit Harris und gab dann die für einen Polizisten seines Schlages blamable Antwort: »Weil ich Angst hatte.«

Nun musste selbst beim letzten Zuhörer im Gerichtssaal der Groschen gefallen sein: Jonathan Jackson war offensichtlich in eine sorgfältig montierte Falle gegangen, in der auch Angela Davis gefangen werden sollte. Als er an jenem für ihn und andere verhängnisvollen Morgen zum ersten Stock des Gerichtsgebäudes von San Rafael hinauffuhr, lagen die Häscher bereits auf der Lauer. Entgegen der Praxis, jene Gerichtssäle besonders scharf zu bewachen, in welchen – wie im Fall von James McClain – Strafverfahren wegen Angriffs auf Polizeibeamte verhandelt und Zeugen aus der Haft vorgeführt wurden, zeigte man diesmal eine geradezu verblüffende Sorglosigkeit. Zum Köder gehörten augenscheinlich auch die sich reihenweise ergebenden Polizisten.

Übrigens förderte Inspektor Irvings Aussage noch ganz andere Merkwürdigkeiten zutage. Der erfahrene Kriminalist hatte eine angeblich von Jonathan Jackson bei seiner Tat benutzte Waffe, deren Eigentümerin Angela Davis war, an sich genommen. Doch wie spielte sich dieser nicht unerhebliche Vorgang ab? Er könnte sich nicht mehr daran erinnern, welcher Beamte ihm die fragliche Waffe übergeben habe. Von ihm – Irving – sei sie dann an einen dritten Polizisten weitergereicht worden, der ihm ebenfalls unbekannt sei. Und ausgerechnet dieses Gewehr hatte der Zeuge zu Beginn seiner Einvernahme – fast ohne hinzuschauen – auf Anhieb als »Tatwaffe« identifiziert!

Doch was hatte sich wirklich abgespielt? Waren Angelas Waffen der Leiche eines Halbwüchsigen nachträglich untergeschoben worden? Diese und andere Fragen musste sich wohl jeder stellen, der die dilettantische Zeugenbefragung des Staatsanwalts Albert Harris mit nur einigem Sinn für Objektivität verfolgt hatte.

Nachdem der Ankläger die Vorgänge im Justizgebäude von San Rafael hatte darstellen lassen, beorderte er eine ganze Schwadron Zeugen an die Front, die über das sich anschließende Geschehen im freien Gelände berichten sollten. Zunächst wurde Gary Thomas, dem im Fluchtauto angeschossenen Staatsanwalt des Marin County, die Aufgabe zuteil, an das Gefühl der Geschworenen zu appellieren. Vor allem die Blicke der Frauen in der Jurybox verrieten Entsetzen und Mitleid, als der an den Rollstuhl Gefesselte zum Zeugenstand geleitet wurde. Doch Mr. Thomas sorgte selbst dafür, dass die anfängliche Bereitschaft, ihm blind zu vertrauen, rasch dahinschwand. Er, der durch Serienfeuer aus einer Polizeiwaffe in den Rücken getroffen wurde und dabei eine Querschnittslähmung erlitten hatte, brüstete sich damit, drei der Afroamerikaner eigenhändig »außer Gefecht gesetzt« zu haben. Thomas behauptete, er habe dem verwundeten Jonathan Jackson, der das Fahrzeug lenkte, den Revolver entrissen, um damit ihn und den Mitentführer Christmas zu erschießen. Ruchell Magee sei von ihm durch einen Schuss aus derselben Waffe schwer verletzt worden. Allerdings machte ein Polizeioffizier im weiteren Verlauf der Beweisaufnahme Thomas den Anspruch auf den Rang des besten Killers streitig, indem er behauptete, er sei es gewesen, der zwei Schwarze getötet und einen dritten verwundet habe.

Abgesehen davon, enthielt die Aussage des Bezirksstaatsanwalts des Marin County zwei interessante Details, die Harris ärgern mussten. Erstens schilderte Thomas, wie sich die vier Afroamerikaner im Gerichtssaal verhielten, nachdem Jackson die Waffe erhoben und den Anwesenden befohlen hatte, sich nicht zu bewegen. Unter den am vorerst geglückten Anschlag Beteiligten habe zunächst eine Diskussion stattgefunden, die mehrere Minuten beansprucht habe und von Unschlüssigkeit und Verwirrung beherrscht gewesen sei, erklärte der Zeuge. Die vier Männer seien sich nicht einig gewesen, was nun weiter geschehen und wie viele Geiseln man nehmen solle.

Welche kaltblütig geplante Konspiration, ging es mir durch den Kopf, lässt die Verschwörer im Augenblick des ersten Erfolgs und der damit zwangsläufig wachsenden Gefahren derart ratlos sein? Nein, hier handelte es sich um das spontane, aus purer Verzweifelung geborene Abenteuer eines in die Falle gelockten Jugendlichen, nicht aber um ein Vorhaben, hinter dem sich als Urheber eine so intelligente, jeden ihrer Schritte wägende Frau wie Angela Davis verbergen konnte.

Auch erwähnte Thomas mit keiner Silbe die von Harris ins Spiel gebrachte angebliche Forderung der Geiselnehmer, die Soledad-Brüder sofort freizulassen. Auf die gezielte Frage des Anklägers, ob er irgendwelche Rufe oder Namen gehört habe, antwortete der Zeuge mit einem vernehmlichen »Nein, Sir«.

Am 8. April lief parallel zum Davis-Prozess ein zweites politisches Verfahren in San José an. Dazu begab ich mich in das Stadtgericht, in dessen Kellerräumen unser Pressebunker eingerichtet war. Dort sollte die Hauptverhandlung gegen die »Vierundzwanzig von San José« – Mitglieder und Sympathisanten des NUCFAD – stattfinden. Neunzehn der Angeklagten waren erschienen, die anderen verhindert.

Ich kannte viele der Teilnehmer der Verteidigungskampagne, gegen die sich der Ableger des großen Davis-Prozesses richtete. Neben prominenten Kommunisten sollten durch ihn Anhänger der verschiedensten linken Strömungen sowie der schwarzen, mexikanischen und indianischen Befreiungsbewegung getroffen werden. Unter den Angeklagten befanden sich Charlene Mitchell und ihr Bruder Franklin Alexander sowie der Afroamerikaner Rodney Barnette und das Chicano-Mädchen Victoria Mercado, die für Angelas Sicherheit Verantwortung trugen.

Im Korridor der dritten Etage rief ein flegeliger Polizist die Angeklagten einzeln auf. »Charlene« blökte er, als die ehemalige Präsidentschaftskandidatin der KP der USA an die Reihe kam. Das war Rassismus in Aktion! »Farbige« hießen bei diesen Apartheid-Anhängern nach wie vor »Boys« und »He, du da«. Charlene Mitchell verbat sich entschieden den rüden Herrenmenschenton.

Im Gerichtssaal waren Plätze für Zuschauer offenbar nicht vorgesehen. Meine Frage, ob die Öffentlichkeit ausgeschlossen sei, verneinte der Gerichtsdiener, und er legte mir nahe, mich doch auf der hintersten Anklagebank mit niederzulassen. Meine Nachbarin hatte lange braune Zöpfe und wiegte ein etwa anderthalbjähriges Mädchen im Arm. »Ich bin erst seit kurzem in der Bewegung«, flüsterte sie mir zu. »Und du?«

Der Vorsitzende hieß Wayne M. Kanemoto und war US-Bürger japanischer Abkunft. Wie alle amerikanischen Richter gab er sich desinteressiert, schien aber um Korrektheit bemüht. Die Anklage vertrat der stellvertretende Bezirksstaatsanwalt des Santa Clara County, Dennis Lempert, ein kleiner, dicker, geschniegelter Mann im froschgrünen Anzug, der Überdosen Parfüm auf sich verwendete. Nachdem er herausbekommen hatte, dass ein ausländischer Prozessbeobachter, der noch dazu Jurist war, der Verhandlung beiwohnte, machte er sich in der Pause an mich heran. Da wir »Kollegen« seien, wolle er die Gelegenheit zu einem Erfahrungsaustausch nutzen. »Haben Sie auch das Jurysystem?«, fragte der Staatsanwalt. Mir scheine der Zeitpunkt für eine derartige Unterredung nicht geeignet, entzog ich mich der aalglatten Gesellschaft. »Sie sind im Augenblick so beschäftigt, Mister Lempert …«

Nach Verlesung des Eröffnungsbeschlusses – den Freunden von Angela Davis wurde vorgeworfen, sich am 31. Januar 1972 vor dem Gerichtsgebäude »ungesetzlich versammelt zu haben« – fragte der Richter jeden Angeklagten, ob er sich schuldig bekenne. »Nicht schuldig«, hieß es neunzehnmal hintereinander. Das bedeutete, dass in diesem Prozess ebenfalls eine Jury bestimmt werden musste. Unter den fünfzig bereits im Saal befindlichen Kandidaten entdeckte ich keinen einzigen Schwarzen.

Die Justiz des Bundesstaats Kalifornien wollte auch an den »Vierundzwanzig von San José« ein Exempel statuieren. Zum ersten Mal sollte ein im September 1970 durch Gouverneur Reagan verkündetes Maulkorbgesetz – der sogenannte California Internal Security Act – Anwendung finden.

Als Hauptbelastungszeuge trat Leutnant Tamm auf, der lediglich auszusagen wusste, die Angeklagten hätten sich friedlich verhalten und auch dann keinen Widerstand geleistet, als sie in Ketten abgeführt wurden.

Während Tamm seine Aussage machte, rief ich mir die Einzelheiten eines Gesprächs ins Gedächtnis, das ich wenige Tage zuvor mit diesem Offizier geführt hatte. Der Anlass dazu war eine Fahne mit der Picasso-Taube und den Worten »Freiheit für Angela«. Werner Rümpel, Generalsekretär des Friedensrats der DDR, hatte das von Tausenden Unterschriften bedeckte Tuch mit der Bitte nach San José gesandt, es der Angeklagten »in einer für die Öffentlichkeit wirksamen Form zu überreichen«.

Lange überlegte ich, wie ich den Wunsch wohl am sinnvollsten verwirklichen könnte. Dabei musste alles vermieden werden, was Angela Davis schadete oder meinem Status als ausländischer Korrespondent widersprach. Ich schlug dem NUCFAD vor, die Fahne außerhalb der Sicherheitszone zusammengefaltet zu übergeben. Dort stimmte man zu. Obwohl ich keinerlei Propaganda betrieben hatte, war eine Anzahl amerikanischer Journalisten rein zufällig zugegen, als Angela die Freundschafts- und Solidaritätsgeste aus der DDR entgegennahm. Die Bildreporter bestanden darauf, das Tuch für einen Augenblick zu entfalten.

Kurz danach sprach mich Tamm an: »So etwas könnte im Wiederholungsfall Ärgernis erregen«, ließ er eine leichte Drohung anklingen. »Aber für wen sollte denn ein echter Picasso zum Ärgernis werden?«, erwiderte ich.

Doch zurück zum zweiten politischen Prozess von San José. Hier hatte sich inzwischen eine rein weiße Geschworenenjury konstituiert. Die einzige »Farbige« – eine ältere Arbeiterin japanischer Nationalität – war, sichtlich zum Verdruss des Richters, von Ankläger Lempert durch Veto ausgeschaltet worden, als sie zugab, sie habe »gegen friedliche Demonstrationen nichts einzuwenden«.

Auch in diesem Fall ging es keineswegs um eine Bagatelle. Bei Verurteilung drohten den Angeklagten immerhin Strafen bis zu einem Jahr Gefängnis. Und im Verhandlungssaal des Stadtgerichts kämpften Angelas Freunde ebenfalls nicht schlecht. Eine Szene imponierte mir besonders. Als Mr. Lempert die einundzwanzigjährige Victoria Mercado – von ihren Freunden »Vicky« genannt – fragte, wie sie »zur Demokratie« stehe, antwortete die Angeklagte prompt: »Positiv. Aber unsere und Ihre Vorstellungen darüber dürften sich fundamental voneinander unterscheiden.«

Am 12. April verlas Franklin Alexander auf den Stufen des Stadtgerichtsgebäudes eine Erklärung des NUCFAD. Der Prozess gegen die »Vierundzwanzig von San José« sei »ein Mikrokosmos der Atmosphäre, die das Verfahren gegen Angela Davis umgibt – nicht nur in diesem County, sondern im ganzen Land«, hieß es darin. Mit ihm wolle man das verfassungsmäßige Recht von US-Bürgern einschränken, sich friedlich zu versammeln. Der Staatsanwalt beabsichtige, das an Angela Davis versuchte Frame-up nachzuvollziehen. Lempert habe die Solidaritätsdemonstration als »kommunistische Verschwörung« bezeichnet und Zeugen aufgefordert, die KP-Mitglieder unter den Angeklagten zu identifizieren. Das habe es seit den McCarthy-Hexenjagden der fünfziger Jahre in den USA nicht mehr gegeben. Zugleich behaupte der Anklagevertreter, der parallele Prozess richte sich gegen »ein Komplott zur Terrorisierung von Richter Arnason, den Befehlen des NUCFAD zu folgen«. Verleumdungen dieser Art müssten auf das Entschiedenste zurückgewiesen werden. Um das Ergebnis vorwegzunehmen: Am 20. April sprach die »lilienweiße« Jury alle neunzehn Freunde Angelas, die vor Gericht gestanden hatten, schuldig.

Im Prozess gegen Angela Davis suchte Harris unterdessen den Eindruck zu erwecken, als ziehe er die Karnickel nur so aus dem Hut. Er übte sich allerdings erfolglos in diesem Trick. Es waren groteskerweise gerade die Zeugen des Staatsanwalts, die aus der Anklagekonstruktion einen Trümmerhaufen machten.

Theodore Hughes, stellvertretender Sheriff des Marin County, gab sich dabei ganz besondere Mühe. Um Harris einen Gefallen zu tun, sagte er aus, er habe »zwei- oder dreimal den Ruf

›Befreit alle Brüder in Folsom!‹ vernommen«. Die Verwechslung der Zuchthausnamen löste im Gerichtssaal stürmische Heiterkeit aus. Doch nicht einmal das Gelächter veranlasste den Polizeioffizier, sich zu korrigieren. Er hatte tatsächlich den falschen Text gelernt.

ZIELSCHIESSEN AUF JEDERMANN

Wem noch nicht klar war, wer die Insassen des Fluchtautos der Geiselnehmer von San Rafael in Wirklichkeit getötet hatte, erfuhr es bald aus berufenem Mund. Die Zeugen des Mr. Harris sorgten für die Aufhellung der Grauzonen.

Auch Eugene Lafontaine, ein früherer Polizist, der jetzt sein Brot als Leichenbeschauer verdiente, steuerte das Seine dazu bei. Er gehörte zur Gruppe jener höheren Beamten des Marin County, welche auf dem Balkon des Justizgebäudes der Dinge geharrt hatten, die sich ereignen würden. Lafontaines Einbeziehung in diesen Kreis besagte, dass man sogar den Experten für die Begutachtung der zu erwartenden Leichen rechtzeitig bestellt hatte.

Bevor die Kolonne mit Richter Haley auf der Straße erschien, seien aus einem Wagen des Zuchthauses San Quentin Waffen an zahlreiche Uniformierte verteilt worden, bekundete Lafontaine. Als Jonathan Jackson den als Fluchtfahrzeug dienenden Lieferwagen in Gang setzen wollte, habe man diesen sofort zum Ziel des polizeilichen Scharfschießens erklärt. Alles sei innerhalb von 17 Sekunden geschehen. Das wisse man so genau, weil man – welche Vorsorge! – den Hergang mit einem Tonbandgerät aufgenommen habe.

Sergeant Joseph Murphy, seit 26 Jahren Aufseher in San Quentin, war zu alt und nicht verschlagen genug, um die ihm von Harris zugewiesene Rolle zu spielen. Er verschwieg nicht, was er erlebt oder gesehen hatte. Am 7. August waren von Murphy insgesamt drei Gefangenentransporte zum Gericht begleitet worden. Er hielt sich gerade vor dem Gebäude auf, als sein

San-Quentin-Kollege John Matthews, als bester Scharfschütze unter den Aufsehern der kalifornischen Zwingburg bekannt, am Ort der Handlung eintraf, um »in Erwartung eines Ereignisses« Waffen verschiedener Typen und Kaliber zu verteilen und unweit des späteren Fluchtautos einen Hinterhalt zu legen. Woher Matthews gewusst hatte, dass er ausgerechnet bei dem von Jonathan Jackson gemieteten Lieferwagen in Stellung gehen musste, blieb offen. »Ich sah, wie Matthews mehrfach in das anrollende Fahrzeug hineinfeuerte«, gab Murphy zu Protokoll. »Er schoss sofort los. Unser San-Quentin-Prinzip verpflichtet uns nämlich dazu, notfalls auch auf Geiseln zu schießen, um einen Ausbruch zu verhindern«, teilte der Schließer mit.

Das war die Stunde für Leo Branton. »Mister Murphy«, nahm er den Zuchtshauswärter ins Verhör, »bei Ihnen gilt also der Befehl, vor allem eine Flucht zu vereiteln.« – »Jawohl.« – »Ist es dabei egal, ob ein Richter oder fünf Richter als Geiseln gehalten werden?« – »Jawohl.« – »Ein Staatsanwalt oder zehn Staatsanwälte?« – »Jawohl.« – »Eine Frau oder zwanzig Frauen?« – »Jawohl.« – »Ein Kind oder zwanzig Kinder?« – Die Fragen des Verteidigers waren messerscharf. Wieder antwortete Murphy: »Jawohl.« – »Ist es letztlich weit wichtiger, einen Ausbruch zu unterbinden, als Menschenleben zu bewahren?«, fragte Branton weiter. Und noch einmal lautete die Antwort: »Ja, Sir.« Die Gesichter der Geschworenen spiegelten Entsetzen wider.

Auch zur Klärung der Waffenfrage leistete der Zeuge des Mr. Harris seinen Beitrag. »Mr. Murphy, Sie haben das in Serienproduktion hergestellte Gewehr ohne Zögern als jenes wiedererkannt, das Sie bei der Bergung des schwerverletzten Staatsanwalts aus dem Wagen nehmen mussten, um zu Mister Thomas zu gelangen. Haben Sie sich damals, als Sie die Waffe in Sekundenschnelle an einen anderen weiterreichten, wirklich deren Nummer gemerkt?«, fragte Branton.

Murphy lief puterrot an. Man spürte, wie peinlich es dem alten Wachmann war, durch die »Auflagen« des Mr. Harris in eine solche Lage gebracht worden zu sein. Doch Leo Branton kannte keinen Pardon. »Mister Murphy«, setzte er die Befragung fort, »wie kommt es eigentlich, dass Sie in Ihrem ersten schriftlichen Bericht vom 8. August 1970 überhaupt keine Waffe erwähnten? Weshalb haben Sie erst über einen Monat später – am 11. September – ein sogenanntes Zusatzprotokoll verfasst, in dem es äußerst vage heißt: ›Es ist gut möglich, dass ich bei der Bergung von Mister Thomas eine Waffe hätte entfernen müssen, wenn dort eine Waffe gewesen wäre‹?« Und Branton setzte den Punkt aufs I: »Stimmt es nicht, Zeuge Murphy, dass Sie von einem Ihrer maßgeblichen Vorgesetzten in San Quentin nachdrücklich dazu aufgefordert worden sind, über eine Waffe ›nachzudenken‹, Ihr ›Gedächtnis zu durchforschen‹?« Der Zuchthauswärter erwiderte: »Ja, das stimmt.« Übrigens blieb es kein Geheimnis, wer dieser »maßgebliche Vorgesetzte« gewesen war. Es handelte sich um Captain Robert West, einen Offizier, der 1968 die Präsidentschaftskandidatur von Alabamas Gouverneur George Wallace aktiv unterstützt hatte.

Am Ende des Kreuzverhörs stellte Leo Branton fest: »Und dieses Gewehr haben Sie im November 1970, ohne es je zuvor gesehen zu haben, vor der die Anklage gegen meine Mandantin erhebenden Grand Jury des Marin County ›einwandfrei wiedererkannt‹?« Murphy schlug vor Scham die Augen nieder. »Jawohl«, antwortete er erneut.

»Das Problem der Waffenbehandlung nach der Schießerei war für diese Männer zu groß gewesen«, schrieb später die Geschworene Mary Timothy. »Sie nahmen Gewehre, Pistolen und Flinten aus dem Wagen heraus, gaben sie an andere Beamte weiter, die sie auf die Straße oder auf andere Fahrzeuge legten oder mit ihnen herummarschierten, um sie an irgendeinen Verantwortlichen abzuliefern. Niemand schien sich über die Sicherung von Fingerabdrücken Gedanken zu machen oder zu überprüfen, ob mit diesen Waffen geschossen worden war oder nicht.«[7]

Nicht besser als den anderen Zeugen des Mr. Harris erging es dem bereits erwähnten John Matthews. Der Oberaufseher von San Quentin, ein langjähriger Vizesheriff, war – von der

Schießunterweisung neueingestellter Zuchthausposten zurückkehrend – »rein zufällig« mit einem ganzen Lkw voller Waffen in San Rafael »vorbeigekommen«, als er witterte, dass sich dort »etwas zutragen« werde. Sofort habe er seinen Leuten den Befehl erteilt, in Stellung zu gehen, und sich selbst »in guter Vorahnung dicht am Feind auf die Lauer gelegt«.

Seit seinem fünften Lebensjahr »an Waffen gewöhnt«, hatte Matthews Minuten später wie ein Besessener auf den anrollenden Lieferwagen geschossen. Kalt schilderte er seine »Safari«. Zunächst habe er auf den Fahrer geschossen, der »zurückflog«, dann auf den Beifahrer, der »außer Sicht flog«. Außerdem sei da noch »ein von hinten nach vorn kommender Dritter« gewesen, den er außer Gefecht gesetzt habe.

»Wie war denn dieser Dritte, den Sie in der Fahrerkabine ›umlegten‹, angezogen?«, fragte Branton. Matthews wusste angeblich keine Antwort und wand sich. »Bei Ihrer ersten Aussage haben Sie zu Protokoll gegeben, er sei mit einer grünen Jacke und einem khakifarbenen Hemd bekleidet gewesen.« Schulterzucken. »Ich weiß, warum Sie sich nicht mehr erinnern sollen«, fuhr Branton fort. »Der Einzige unter allen Beteiligten, der solche Kleidungsstücke trug, war Ruchell Magee ... Er war also der Dritte, den Sie niedermachten?« – »Ja, Sir.«

Mit diesem Eingeständnis zerstob die Story des Anklage-Starzeugen Gary Thomas, der am 5. April unter Eid ausgesagt hatte, Magee sei von ihm »im rückwärtigen Bereich des Wagens« zusammengeschossen worden, nachdem dieser zuvor Richter Haley aus unmittelbarer Nähe mit einer großkalibrigen Waffe getötet habe. Die Waffe aber – so behauptete man – sei das Eigentum von Angela Davis gewesen.

Noch etwas kam bei der Vernehmung des Zeugen Matthews zur Sprache. »Stimmt es tatsächlich, dass der dem Wachpersonal Ihrer Anstalt für solche Fälle erteilte Befehl lautet, zu schießen, um zu töten?«, erkundigte sich Leo Branton. »Jawohl«, erwiderte der Oberschließer. Im Übrigen bedürfe es in Situationen dieser Art auch keines ausdrücklichen »Feuer frei!«-Befehls. Jeder gehe dann in eigener Regie auf Jagd ...

»Das Bild der Schießgalerie eines Vergnügungsparks am Strand mit sitzenden Enten zum Abknallen kam mir in den Sinn«, schilderte Mary Timothy später ihren Eindruck von der Vernehmung des Zeugen Matthews. »Seine Schilderung war so ruchlos kaltblütig, dass sie nicht menschlich zu sein schien.«[8]

Nach Murphy und Matthews bestätigte auch noch der Zuchthausposten Donald Hicks, der in der U.S. Army als Scharfschütze abgerichtet worden war, was in San Quentin zum »guten Ton« gehörte. Er habe mit einem ihm »vertrauten Karabiner« vier oder fünf Kugeln in den Fluchtwagen »gepumpt«, erklärte der Zeuge. Schon Anfang 1971 hatte es in einem ärztlichen Obergutachten geheißen, Richter Haley sei »aller Wahrscheinlichkeit nach durch Einschüsse von außen ums Leben gekommen«.

Am 11. April trat im Davis-Prozess die entscheidende Wende ein. Die Mordanklage brach unter den Aussagen der Zeugen des Mr. Harris zusammen. Es stellte sich heraus, dass Jonathan Jackson und seine Schicksalsgefährten niemanden getötet hatten. Die mörderischen Schüsse waren von der anderen Seite gefallen. In den Nachtstunden gab ich meinen Bericht nach Berlin durch. Seine Schlagzeilen lauteten: »Die Wahrheit über San Rafael – Vierfache Bluttat der Polizei Kaliforniens«.

Je mehr die Anklage im Gerichtssaal an Boden verlor, je schneller die Luft aus dem Ballon des Mr. Harris entwich, desto größer wurde die Gefahr »außergerichtlicher« krimineller Aktionen und politischer Provokationen gegen Angela Davis.

Dafür, dass auch in dieser Gegend der USA die Colts äußerst locker saßen, wenn es um Schwarze ging, gab es genügend Beweise. So ergänzte die Nachricht, Vizesheriff Larry Bringhurst habe im nahen San Mateo County den fünfzehnjährigen Schüler Gregory White kurzerhand erschossen, als der junge Afroamerikaner gerade von einem Auto weglief, »das möglicherweise gestohlen worden war«, nur das allgemeine Bild. Vorkommnisse dieser Art waren durchaus an der Tagesordnung.

Doch zu dieser Selbstjustiz von Seiten der Behörden kam eine noch eine ganz andere und viel weniger überschaubare

Drohung hinzu: Sie ging vom individuellen und organisierten Terror Amok laufender Rechtsextremisten aus.

DER MORD AN JAMES EDWARD CARR

Wie ernst es stand, zeigte der Fall des neunundzwanzigjährigen James Edward Carr. Eines Tages in der ersten Aprilhälfte erschien die Abendausgabe des »San José Mercury« unter der Schlagzeile: »Exekution«. Genüsslich berichtete das Journal von der »mit Akkuratesse ausgeführten Hinrichtung« Carrs, den man in der Autoeinfahrt seines Hauses Morse Street Nr. 795 aus nächster Nähe mit Feuerstößen aus automatischen Waffen niedergemäht hatte. Der Körper des Afroamerikaners – eines früheren Zellengefährten des Soledad-Bruders George Jackson – sei »im wahrsten Sinn des Wortes von Kugeln durchsiebt worden«, hieß es in der Reportage. Von Carr war bekannt, dass er wie Jackson der vom FBI drakonisch verfolgten Black Panther Party angehört hatte. Seine Schwiegermutter, Mrs. Joan Hammer, habe als aktives Mitglied des Verteidigungskomitees für die Soledad-Brüder gegolten, teilte der »SJM« seinen Lesern mit.

Obwohl sich die Spuren der Täter im Dunkeln verloren, durfte man annehmen, dass die Todessalven in der Morse Street Angela Davis einen »Wink« geben sollten, Derartiges könne »auch anderen passieren«.

Es stellt sich jedoch heraus, dass Einschüchterung nicht das einzige Ziel gewesen war. Eine massive Provokation kam ans Tageslicht. Sie folgte unmittelbar auf den Versuch, Angela Davis und deren Verteidigung durch die Behauptung zu diskreditieren, einer der wichtigsten Anklagezeugen sei »plötzlich unauffindbar verschwunden« und »vermutlich von Anhängern der Angeklagten entführt worden«. Diese Verleumdungskampagne war so lange betrieben worden, bis der Betreffende, der lediglich Urlaub gemacht hatte, wohlbehalten wieder auftauchte.

Diesmal ging es um mehr. Wie in dem eben geschilderten Fall

spielte die »Pressefreiheit«, die der reaktionären Journaille das Recht zum Rufmord zugesteht, dabei ihre Rolle. Gerry Cohen, ein Redakteur der sich als liberal aufspielenden großbürgerlichen »Los Angeles Times«, übernahm den Job. Der ermordete James Carr, schrieb er, habe vermutlich Gelder des Davis-Verteidigungsfonds gestohlen und sei »zur Vergeltung dafür von Freunden Angelas umgebracht worden«. Cohen gab offen zu, »der Polizei nahestehende Personen« hätten ihn mit der Mitteilung beliefert, die er seinem Leserkreis dann auftischte. Wie sich bald herausstellte, war der Informant des Redakteurs der größten Zeitung an der US-Westküste niemand anderes als Louis Tackwood, der seine alten Beziehungen zur Geheimpolizei wieder aufgenommen hatte. Dieser auf die schwarze Befreiungsbewegung angesetzte berufsmäßige Denunziant prahlte jetzt erneut damit, über »Mitglieder des NUCFAD auszupacken«. Die »Los Angeles Times« gab ihre zur Schau gestellte Seriosität auf und schreckte nicht vor den wildesten Erfindungen zurück. Sie blieb am Thema und verdächtigte »dem NUCFAD nahestehende Gruppen« eines »Racheakts«. Es gebe »Gerüchte«, nach denen Carr »regelrecht hingerichtet« worden sei, weil er »für Angelas Verteidigung bestimmte Barbeträge gestohlen« habe, behauptete man. Auch der »SJM« verspritzte Gift. »San-Jose-Exekution war mit Davis-Verteidigungsfonds verknüpft«, lautete seine Überschrift.

Das NUCFAD stellte die Dinge richtig. Carr habe nicht im Geringsten mit Geldern des Verteidigungsfonds zu tun gehabt, und es sei daraus niemals auch nur ein einziger Cent entwendet worden, betonte Charlene Mitchell. Im Übrigen handle es sich um ein Manöver mit dem Ziel, Angela Davis von sämtlichen finanziellen Hilfsquellen im kostspieligsten Prozess der US-Nachkriegsgeschichte abzuschneiden.

Der Fall James Carr mahnte das Davis-Lager zu höchster Wachsamkeit. Es war ganz offensichtlich, dass von bestimmter Seite eine Atmosphäre geschaffen wurde, in der »etwas geschehen konnte«.

Übrigens spiegelte sich die Missvergnügtheit des Anklägers

auch in Schikanen gegen Journalisten wider. So wurden der afroamerikanische Korrespondent Reginald Major vom »Sun Reporter« und ich eines Mittags nach der obligatorischen Leibesvisitation unter fadenscheinigen Vorwänden am Betreten des Gerichtssaals gehindert, obwohl wir rechtzeitig erschienen waren und ordentliche Einlassmarken vorzeigen konnten.

Da der Prozess nicht einmal den gerissensten Lügenköchen genügend Fleisch für eine magere Bouillon lieferte, stellte sich der geschickter agierende Teil der amerikanischen Medien auf diese Situation ein. Das Rechtsprechungssystem der USA sei so perfekt, dass es selbst in den verwickeltsten Fällen die Wahrheit an den Tag bringe, suchte man den Spieß umzudrehen.

Um sich solche Tugenden international bescheinigen zu lassen, trat man immer häufiger auch an ausländische Reporter heran. Sie wurden aufgefordert, sich zur »Fairness« und »Objektivität« der Verhandlungsführung zu äußern. Auch mich bat man des Öfteren um eine »Zwischenbilanz« oder »Prognose«. Aus Höflichkeit gab ich Auskunft. Ohne mich einzumischen, verhehlte ich nicht, was ich dachte. Und einiges davon wurde sogar gedruckt. »Es gibt keinen Beweis, der Angela Davis mit den tragischen Geschehnissen von 1970 verketten könnte«, zitierte mich der »San Francisco Chronicle« in einem Beitrag »Angela durch ausländische Augen«. Die »ausländischen Augen«, in drei nebeneinandergestellten Bildern dem Leserpublikum vorgeführt, gehörten meinem sowjetischen Freund Eduard Baskakow, mir und – aparterweise – Gitta Bauer, die in nimmermüder Fröhlichkeit sieben Zeitungen und zwei Zeitschriften des Springer-Imperiums mit ihren Desinformationen versorgte.

Jane Hoyt, die charmante Herausgeberin von »San José Post & Record«, einer am Ort erscheinenden Tageszeitung, widmete dem Gespräch mit einem kommunistischen Reporter immerhin die halbe Titelseite ihres Blattes. »Jeder Staatsanwalt, der hundertvier Zeugen braucht, hat einen sehr schwachen Fall an der Hand«, führte man die Meinung eines »juristisch vorbelasteten Pressemannes« an. Am weitesten aber ging das »San Rafael

Independent Journal«, dessen Sensationsfotograf James T. Kean im Davis-Prozess eine so unrühmliche Rolle gespielt hatte. »In Amerika ist es für eine schwarze Kommunistin unmöglich, einen fairen Prozess zu bekommen. Doch dieses Verfahren findet unter Kontrolle von Millionen und Abermillionen Menschen statt«, zitierte man den DDR-Berichterstatter.

Im Gerichtssaal schleppte sich die Beweisaufnahme hin. Noch immer hatten wir die für den Prozess unerheblichen Geschehnisse im Marin County nicht hinter uns gelassen. Jeder Tag bescherte neue Ungeschicklichkeiten des »Volkes«. Der grobschlächtig hantierende Mr. Harris konnte einem beinahe leid tun. Es gab keinen Zeugen der Anklage, der ihm nicht ein Bein gestellt hätte.

Nach der Panne mit den schießwütigen San-Quentin-Schließern unternahm der Staatsanwalt noch einen letzten verzweifelten Versuch, die Tötung des Richters auf das Konto der schwarzen Geiselnehmer zu buchen. Zu diesem Zweck rief er Mr. Cedell Bradford in den Zeugenstand. Der junge Afroamerikaner, der sich um eine Tätigkeit im Behördenzentrum von San Rafael beworben hatte und am Tag des Überfalls gerade seine »Probezeit« abschloss, war im August 1970 das erste Mal vernommen worden. Damals hatte er angeblich ausgesagt, er habe zunächst einen dumpfen Schuss aus einer großkalibrigen Flinte gehört. Kurz darauf war Bradford dann vom Fernsehen interviewt worden. Bei dieser Gelegenheit hatte er sich von der Angabe distanziert und erklärt, eine derartige Wahrnehmung nicht gemacht zu haben. Als er am Montag der darauffolgenden Woche die ihm zugesagte Stellung in San Rafael antreten wollte, war er durch seinen neuen Chef im Beisein von Polizisten »begrüßt« worden. Da er keine Bereitschaft zeigte, sein Dementi zurückzuziehen, sagte man ihm, der Job sei »bereits besetzt«.

Im Januar 1972 ließ sich Harris von Bradford den Sachverhalt ein weiteres Mal schildern. Im Protokoll fiel eine Änderung auf. Er nehme nunmehr an, der fragliche erste Schuss sei doch »im Innern des Fahrzeugs gefallen«, hatte der Zeuge sich plötzlich

»umerinnert«. Um was es Harris ging, lag auf der Hand: Auch Ruchell Magee war ja angeblich während der Geiselnahme in den Besitz einer großkalibrigen Flinte gelangt – und sogar einer, von der man behauptete, Jonathan Jackson habe sie mitgebracht. Andererseits hatten Polizisten ebenfalls mit derartigen Waffen gefeuert. Durch den Schuss aus einer von ihnen war der Kopf des Richters Haley zerschmettert worden. Bei der Leichenschau fand man an Kleidung und Körper des Toten keine Pulverspuren, die auf Feuer aus kurzer Distanz – also im Innern des Wagens – hätten folgern lassen.

Nun wollte Harris die Geschichte umdrehen. Die Verteidigung war auf der Hut. Der Zeuge des Staatsanwalts trat fluchtartig den Rückzug an. Er wolle seine zweite Aussage noch einmal ändern, erklärte Bradford. Auf keinen Fall könnte er sie beschwören. Vielleicht sei es auch nur eine Auspuffdetonation gewesen.

Harris kochte vor Wut über solchen »Verrat«. Bradford habe während seiner ganzen Vernehmung im Gerichtssaal unter Eid gestanden, schnaubte er. Man müsse prüfen, ob er sich nicht aufgrund seiner widerspruchsvollen Aussage bereits des Meineids schuldig gemacht habe … Wie gesagt, es handelte sich um einen Zeugen der Anklage.

Bald darauf änderten die US-Massenmedien, deren Berichterstattung über den Davis-Prozess einerseits von zügelloser Verleumdung der Angeklagten, andererseits von geheuchelter Objektivität geprägt wurde, erneut ihre Taktik. Offenbar hatte es Empfehlungen gegeben, den miserabel inszenierten Fall mit allen Mitteln herunterzuspielen. Die von Harris stets exklusiv bediente Nachrichtenagentur AP übernahm wieder einmal die Führung in diesem Reigen. Sie wusste von »abklingendem Weltinteresse für den Davis-Prozess« zu berichten und wollte ihren Lesern weismachen, »allein in der Sowjetunion« sei »die Aufmerksamkeit noch nicht völlig erloschen«.

In Wirklichkeit blickte die internationale Öffentlichkeit gebannt auf San José. Der dramatische Zusammenbruch der Anklagekonstruktion hatte das Interesse nur noch gesteigert.

Lustlosigkeit herrschte lediglich im Lager der Verlierer. Schon jetzt nannte man Harris allgemein »Mister Loser – Herr Verlierer«.

In der Tat ließ sich für die Skandalreporter der amerikanischen Presse nicht das herausschlagen, was sie sich ausgerechnet hatten. Ihnen schien die »Fabel«, da nicht in der erhofften Weise verkäuflich, ohne Glanz und Farbe zu sein. Denn der Kriminalfilm, der in Arnasons Theater lief, war ohne Unbekannte und brachte keine Überraschungen mehr. Es sei denn, man hielt die ununterbrochenen Pannen des Anklägers noch für etwas Besonderes.

BLAMAGEN AM LAUFENDEN BAND

Der San-Rafael-Komplex wurde mit Sachverständigengutachten der Anklage »abgerundet«. Als eine echte Attraktion erwies sich hierbei der Auftritt des Experten Fred H. Wynbrandt. Der Mitarbeiter des Generalstaatsanwalts von Kalifornien suchte seine »ballistische Analyse« an den Mann zu bringen. Unsicherheit und Nervosität hinter Hochmut versteckend, trug der erst 14 Tage zuvor zum Chef des Büros für Technische Dienste aufgerückte Sachverständige Laufuntersuchungen vor, die lange nach dem Gebrauch der betreffenden Waffen angefertigt worden waren.

Wynbrandts freudloser Auftrag bestand darin, einen »Entlastungsangriff« für die in Bedrängnis geratene Anklage zu unternehmen. Als karrierehungriger junger Mann, der sich unaufhörlich durch Augensprache mit dem Ankläger verständigte, hinterließ er den Eindruck eines Scharlatans. So erklärte er auf die Frage Howard Moores, warum am 7. August 1970 nur die von Jonathan Jackson und dessen Tatgefährten benutzten Waffen, nicht aber die der Polizisten untersucht worden seien: »Ich dachte, jemand anders würde sich darum kümmern.« Wynbrandt sollte dennoch den »Nachweis« erbringen, dass nicht die Polizei den Richter erschossen hätte. Natürlich war das ein sinnloses Unterfangen, standen doch zwei Dinge bereits einwandfrei fest: 1. Die Waffen der Polizisten waren nach der Schießerei von niemandem untersucht worden. 2. Tausende von Waffen des gleichen Kalibers hätten die Tatinstrumente sein können.

Der ständige Anklagegutachter in politischen Prozessen bezahlte seine Beförderung mit Strömen von Schweiß. Wynbrandts Wissenslücken im Hinblick auf Waffenarten und -kaliber waren peinlich. Am schlimmsten wurde es, als er einen Angela Davis gehörenden Revolver, den er zuvor »einwandfrei identifiziert« hatte, schon am nächsten Morgen auf einer Großaufnahme nicht einmal mehr typenmäßig zu bestimmen vermochte. »Ich kann eine Waffe nicht anhand eines Fotos klassifizieren«, offenbarte der »Experte« sein Format.

Dieser Mann »gefiel« Howard Moore. »Haben Sie eigentlich die Blutspuren an der Ihnen vorgelegten Waffe festgestellt?«, fragte er Wynbrandt. Dieser bejahte. »Und haben Sie das Blut analysiert?« – »Nein, ich hielt es nicht für erforderlich.« – »War es Ihnen denn gleichgültig, wessen Blut sich an der Waffe befand?« Wynbrandt wusste nichts mehr zu sagen. »Ich konstatiere: Sie sind Kaliforniens führender Blutspurenexperte. Vielen Dank, Herr Sachverständiger«, gab der Anwalt seinem Gegner den Rest.

Zum selben Problemkreis lag in San José ein Gutachten des Gerichtsmediziners Dr. Manwaring vor. Darin hieß es, die Entfernung, aus der die beiden möglicherweise tödlichen Schüsse auf Richter Haley abgegeben wurden, könne »nur schwer bestimmt« werden. Mit welcher »Gewissenhaftigkeit« dieser Pathologe die Autopsie vornahm, ließ sich daran erkennen, dass er gleich bei zwei Toten – Jackson und Christmas – die Austrittsstellen der Kugeln für Einschüsse gehalten hatte. Ein Jahr später – nach erstmaliger Untersuchung der Kleidung der Erschossenen – änderte der medizinische Sachverständige sein eigenes Gutachten.

Als das allerletzte Detail des Geschehens in San Rafael von Harris breitgetreten worden war, las ich noch einmal Angelas Prophezeiung vom 29. März: »Wenn alle Zeugenaussagen rund um die Ereignisse des 7. August 1970 vorliegen, wird der Ankläger gewiss demonstriert haben, dass auf bestimmte Weise Leben zerstört und Menschen verwundet worden sind. Aber das wird alles sein, was er bewiesen hat. Er wird indes nichts bewiesen haben – absolut gar nichts – was meine Schuld betrifft.«

Nachdem es mit der Retrospektive zu San Rafael »so gut geklappt« hatte, stürzte sich Harris auf sein zweites »Beweisthema«. Er wolle nunmehr dem Gericht Zeugen vorführen, die über »Verbindungen von Angela Davis zu den sogenannten Soledad-Brüdern« aussagen könnten, erklärte er. Wort für Wort verlas Harris daraufhin die längst zusammengebrochene Anklage gegen die drei Afroamerikaner.

Doch Leo Branton gab den Staatsanwalt mit einem einzigen Satz der Lächerlichkeit preis. »Die Verteidigung ersucht Mister Harris«, sagte er liebenswürdig, »seinen Bemerkungen allein aus Vollständigkeitsgründen das kleine Detail hinzuzufügen, dass es sich bei den Soledad-Brüdern exakt um jene Personen handelt, die am 27. März 1972 durch eine Geschworenenjury in San Francisco in allen Punkten der gegen sie grundlos erhobenen Anklage für unschuldig erklärt worden sind.« Auch die zweite Runde der Beweisaufnahme hatte so mit einem von der Verteidigung erzielten moralischen Volltreffer begonnen.

Harris brachte nun die nächste Reihe seiner Zeugen aufs Parkett. Sie sollten zweierlei beweisen: die von Angela Davis nicht geleugnete Freundschaft zu Jonathan Jackson und dessen Familie sowie das »Tatmotiv« – ihre »Leidenschaft« für einen Mann, den Gefangenen George Jackson. Wieder zog das Gericht aus, um einem Hornberger Schießen beizuwohnen.

Mrs. Ottilia Young, eine kleine, dunkelhäutige Frau um die sechzig, sollte Angela den entscheidenden Schlag versetzen. Der psychologische Trick des Anklägers war genau berechnet. Allein die Tatsache, dass er eine schwarze Zeugin gegen die afroamerikanische Kommunistin aufbot, müsste die Angeklagte demoralisieren. Ottilia Young wohnte im Parterre des Hauses am 35th Place von Los Angeles, in dem auch Angela bis Mitte Juli 1970 gelebt hatte.

Die Zeugin der Anklage behandelte den Ankläger mit unverhohlener Geringschätzung. Sie würdigte ihn keines Blickes. Harris erwartete von ihr eine Äußerung in dem Sinne, Angela Davis habe die Wohnung nur gemietet, um dort mit Jonathan Jackson zu »konspirieren«. Doch die ältere Frau sagte stattdessen, sie sei dem Siebzehnjährigen nur gelegentlich begegnet.

»Arbeiten Sie viel und lange?«, fragte Harris die Zeugin in der Annahme, bestätigt zu erhalten, dass sie ständig zu Hause sei. »Ja, von acht Uhr morgens bis acht Uhr dreißig abends«, klärte ihn Mrs. Young über den Tagesablauf einer schwarzen Hausangestellten bei weißen Herrschaften auf. Hier brach der Ankläger seine Vernehmung ab. Er war bedient und wiederum gescheitert. Ottilia Young aber, für das »Volk« aufgerufen und diesen Titel zu Recht tragend, verließ den Zeugenstand, ging an der Angeklagten vorüber und winkte ihr, völlig unbeeindruckt durch die Szenerie ringsum, lächelnd zu. Eine unterdrückte Frau grüßte die andere. Es war ein mutiges Bekenntnis zu menschlicher Größe und einer der bewegendsten Augenblicke des ganzen Davis-Prozesses.

Doch auch in dieser Phase fehlte es nicht an Denunzianten. Als einer von ihnen erwies sich der ehemalige San-Quentin-Häftling Louis »Bob« May, ein Mann mit seitenlangem Strafregister. Er, der den »Eselszug« fuhr, der Besucher des Zuchthauses vom Eingang gegenüber dem Parkplatz bis zur eigentlichen Strafanstalt beförderte, hatte ausgesagt, er habe Jonathan Jackson und Angela Davis an allen Tagen unmittelbar vor dem 7. August 1970 auf dem Gelände des Zuchthauses zusammen gesehen. »Sahen Sie Angela Davis auch am Montag?«, nahm sich Howard Moore des Kriminellen an. Ja, das habe er, erwiderte der »Zeuge« des Mr. Harris. – Angela befand sich zu dieser Zeit erwiesenermaßen noch in Los Angeles.

Ob es zutreffe, dass er gegenüber einem Mitarbeiter der Davis-Verteidigung erklärt habe, er wäre sogar bereit gewesen, seine eigene Mutter hinter Gitter zu bringen, um dafür selbst freizukommen, fragte der Anwalt. May wand sich. Ob es stimme, dass er kurz nach seiner Aussage von Mr. Harris »auf

Bewährung entlassen worden« sei, setzte Moore dem Ganoven zu. Das konnte der Zeuge nicht abstreiten. Am Ende wurde er sang- und klanglos aus dem Verkehr gezogen, nachdem er die weiße Fahne gehisst und erklärt hatte, er sei sich »nicht sicher«, ob Angela Davis tatsächlich San Quentin aufgesucht habe.

In diesem Zusammenhang gelangten die äußerst unsauberen Praktiken des Anklägers bei der sogenannten Fotoidentifizierung zur Sprache. Mitarbeiter des Generalstaatsanwalts von Kalifornien hatten verschiedenen Zeugen eine Reihe von Aufnahmen vorgelegt, aus denen sie Bilder Angelas, die sie hier oder dort gesehen zu haben behaupteten, herausfinden sollten. In der Serie befanden sich mehrere bei Kundgebungen für die Soledad-Brüder geschossene Fotos der Angeklagten. Auf einem davon hielt sie sogar ein Mikrofon, auf einem anderen sah man sie mit Jonathan Jackson. Die restlichen Bilder – jeweils nur eins von einer Person – zeigten Angelas Schwester Fania, Jacksons Schwester Penny und Frauen verschiedener Altersstufen mit glatt anliegenden Haaren. Die letzte Gruppe von Aufnahmen unterschied sich von den übrigen auch dadurch, dass sich unter den Gesichtern Nummern befanden, wie sie nur auf erkennungsdienstlichen Polizeifotos üblich sind. Unter allen »Auswahlkandidatinnen« trugen lediglich Angela, Fania und Penny Jackson jene auffallende Afrofrisur, welche auf den Fahndungsplakaten genau beschrieben worden war. Auch Alter und Hautfarbe der übrigen »Vergleichspersonen« wichen von den Angaben im Steckbrief stark ab. Doch selbst unter diesen Umständen entschieden sich einige Anklagezeugen gleich für mehrere »Tatverdächtige«.

Besondere Erwartungen verband Mr. Harris mit Briefen sehr persönlichen Charakters, die die Polizei auf illegalem Weg beschafft hatte. Hierzu wurde zunächst ein strohblonder Bursche aufgerufen, bei dessen Vernehmung die Jury nicht zugegen sein durfte. Er hörte auf den Namen James McCord und arbeitete erst seit kurzem als Anwalt in Los Angeles. Wie man erfuhr, hatte er sich zuvor als Sonderagent des FBI in der südkalifornischen Metropole betätigt. Im August 1970 war McCord an der Spitze von fünf Hooverschen Geheimpolizisten nach Aufbrechen der Türen in die Wohnung von Angela Davis eingedrungen. Im Ergebnis der einen halben Tag beanspruchenden Durchsuchung hatten die FBI-Leute alles mitgehen lassen, was ihnen irgendwie brauchbar erschien. Hierzu gehörten Fotokopien von drei an George Jackson gerichtete Briefe. Dieser aber befand sich – wie aus der Anschrift ersichtlich – in Haft.

Doris Walker kümmerte sich um den Schnüffler. »Mister McCord, Sie sagten, von Ihnen seien nur solche Gegenstände requiriert worden, die für die Ermittlung des Aufenthaltsortes von Miss Davis hätten von Wert sein können. Sie haben jedoch vor allem George Jacksons Briefe mitgenommen. Glaubte das FBI an jenem Tag ernsthaft, dass sich meine Mandantin ausgerechnet im Zuchthaus Soledad verstecken würde?«

Im Kreuzverhör des FBI-Mannes tat sich ein ganzer Katalog polizeistaatlicher Übergriffe auf. McCord und seine Meute hatten ohne jede richterliche Anordnung folgenschwere Amtshandlungen vorgenommen.

»Weshalb begaben Sie sich eigentlich zur Wohnung von Miss Davis?«, wollte die Verteidigerin wissen. »Wir suchten nach ihr, weil sie sich des Verbrechens der Flucht von einem Bundesstaat in einen anderen schuldig gemacht hatte.« – »Woher wussten Sie denn das? Angela Davis konnte sich genauso gut noch in Los Angeles befinden, was die Unzuständigkeit des FBI zur Folge gehabt hätte«, verwies die Anwältin auf den Unterschied zwischen sogenannten Bundesdelikten und von den Einzelstaaten zu ahndenden Straftaten. Im ersten Fall war die Bundesuntersuchungsbehörde FBI, im zweiten die örtliche Polizei zuständig. McCord schwieg. »Hatten Sie an diesem Tag einen Durchsuchungsbefehl?« – »Nein.« – »Oder gar einen Haftbefehl?« – »Ja, den hatten wir.« – »Sonderbar«, erwiderte die Anwältin, »der bei den Akten befindliche Haftbefehl wurde erst drei Tage später – und zwar am 20. August 1970 – ausgestellt ... Führten Sie Ihre Festnahmeorder denn bei sich?« – »Nein«, antwortete McCord, »das entsprach nicht den Geflogenheiten des Büros.« – »Haben Sie den Haftbefehl zumindest vorher gesehen oder von seiner Existenz erfahren?« McCord: »Nein, nicht im physischen Sinn …«

Die FBI-Operation in Angelas Wohnung sei demnach ein »ungesetzlicher Fischzug« gewesen, kommentierte Doris Walker scharf.

BEWEISMITTEL ALS BUMERANG

Staatsanwalt Harris operierte mit den Briefkopien, um der Angeklagten »unkontrollierbare Leidenschaft« nachzuweisen. Noch größeres Gewicht aber maß er einem 18 Seiten umfassenden Dokument ohne Anrede und Unterschrift bei, das im Sommer 1971 – lange nach der Verhaftung der Angeklagten – mit Maschine geschrieben und am Tag der Ermordung George Jacksons, des Hauptentlastungszeugen der Davis-Verteidigung, in dessen Zelle aufgefunden worden war. Harris hatte es dort persönlich »gesichtet«. Aus den Seiten sprach die tiefe Zuneigung zweier Menschen, die sich als Gefangene in einer vergleichbaren Lage befanden. Der Versuch, daraus ein Tatmotiv herzuleiten, war eine willkürliche Konstruktion des Anklägers.

Bevor Albert Harris dazu kam, die drei von McCord entwendeten Privatbriefe Angelas den Geschworenen vorzulesen – das 18-Seiten-Dokument hatte Arnason als »für die Sache unerheblich« bezeichnet und nicht als Beweismittel zugelassen –, lagen diese bereits in den Händen der Journalisten. Das NUCFAD hatte sich zu ihrer Veröffentlichung entschlossen, um unsinnigen Spekulationen die Spitze abzubrechen. In einer Begleiterklärung des Komitees hieß es: »Diese Briefe waren allein für die Augen von George Jackson bestimmt. Es war nicht beabsichtigt, sie durch irgendeine andere Person lesen zu lassen. Aber jetzt, da die Dokumente – leicht erkennbar in ihrem politischen Charakter – als Beweismittel gelten, manifestiert sich die Tatsache, dass gerade sie das Gegenteil dessen aussagen, was Harris beweisen möchte.«

Der Umstand, dass der Ankläger nunmehr auf Privatbriefe

zurückgreifen müsse, die seit August 1970 in seinem Besitz seien, lasse nur einen Schluss zu: Die Staatsanwaltschaft habe niemals irgendeine Theorie über die Geschehnisse in San Rafael besessen, sondern allein ein simples Ziel verfolgt – Angela Davis »zu fassen«. Nach 16 Monaten, in denen Ankläger Harris den Fall selbst als politische Angelegenheit dargestellt habe, wolle er sich jetzt mit seiner neuen Motiverfindung – Angelas »unkontrollierbarer Leidenschaft« – aus der Affäre ziehen.

Eine der ersten Zeitungen, die längere Auszüge aus den Briefen veröffentlichten, war der »San José Mercury«. »Ein großer Teil des darin enthaltenen Materials gilt solchen Empfindungen von Miss Davis, die sich auf die Unterdrückung der Frau und der Schwarzen sowie auf die Notwendigkeit beziehen, der Gesellschaft ein anderes Gesicht zu geben«, schrieb das Blatt enttäuscht.

Die Reaktion der zwölf Geschworenen auf die von Harris verlesenen Briefe war eindeutig. Die einzige Wirkung, die der Ankläger erzielte, bestand darin, dass die Frauen und Männer in der Jurybox von der Tiefe und Kraft des Gefühls der Angeklagten stark berührt wurden. Auch der letzte Schuss, den der Ankläger hatte abfeuern wollen, war in die falsche Richtung losgegangen.

»Die Briefe waren phantastisch schöne Kompositionen, sehr natürlich und direkt«, schrieb Mary Timothy später. »Während sie Passagen der Liebe und ein Durchschimmern von Gefühlen für George Jackson enthielten, befasste sich der größere Teil mit philosophischen Diskussionen … Obwohl sie Harris monoton verlas, waren die Worte der Liebe wunderbar. Nichts darin konnte mich glauben machen, dass die Frau, die sie schrieb, von einer Leidenschaft ohne Grenzen verzehrt wurde und dass sie gewalttätig und zerstörerisch werden müsste, wenn ihre Liebe keine Erfüllung fände.« Die Geschworene zog damals den Schluss: »Wenn diese Briefe das einzige Beweismittel sein sollten, auf das Harris sein Motiv in diesem Fall zu gründen gedachte, dann war sein Versuch, so meinte ich, ein elender Misserfolg.«[9]

In der Tat – Mr. Harris, der Stellvertreter des Generalstaatsanwalts von Kalifornien, hatte seine letzte Kugel verschossen. Für jedermann war sichtbar geworden, dass der Ankläger statt der großspurig angekündigten Beweise nur einen Haufen Ungereimtheiten präsentiert hatte.

Am 25. April fuhr mich Ken Parker, mein schwarzer südafrikanischer Freund, nach San Francisco, wo ich mein Anfang Mai ablaufendes Visum abermals verlängern lassen wollte. Noch war die Anklage am Zug oder besser auf dem Rückzug, doch bald schon musste die Verteidigung an der Reihe sein. Das würde, vermutete ich, den Rhythmus des Verfahrens erheblich beschleunigen. Schon Anfang Juni konnte man mit einer Entscheidung der zwölf Geschworenen rechnen. Noch einmal sechs Wochen würden ausreichen, überlegte ich, als ich das Bürohaus in der Sansome Street betrat.

Am Antragsschalter, wo ich im März so zuvorkommend behandelt worden war, versah diesmal ein weißer Beamter seinen Dienst. Er schien im Bilde zu sein. Ein Blick in meinen Pass, und schon erhob er sich. »Moment, Sir«, sagte er kühl und verließ den Raum. Als er nach wenigen Minuten zurückkam, war aus der Frostigkeit bereits Grabeskälte geworden. »Mister McKean wird die Angelegenheit mit Ihnen erörtern«, verwies er mich ins Zimmer Nummer soundso. Ken Parker blieb an meiner Seite. Nach seinen Erfahrungen in Amerika schien es ihm geraten, mich nicht ohne Zeugen verhandeln zu lassen. Wir fuhren mit dem Lift weit hinauf. Mr. McKean war nicht gerade entzückt, mich in Begleitung – und noch dazu in schwarzer – zu sehen. Meinem Antrag könne diesmal leider nicht so ohne weiteres entsprochen werden, deutete er Bedenken an. Es gäbe da Hindernisse, Einwände, Komplikationen … Ich müsse verstehen … Immerhin sei man im März ja sehr kulant gewesen …

Schließlich wurden wir an Mr. Davidson, den stellvertretenden Leiter der Behörde, weitergereicht. Er war durchaus ein Mann von Welt. »Lassen Sie doch bitte Ihren Pass bei uns, damit wir die Angelegenheit so oder so regeln können«, schlug er vor. »Es gibt ein paar Probleme, aber wir werden sehen.«

Dokumente gehören zu jenen Besitztümern, die man grundsätzlich nicht aus der Hand geben soll, hatte ich schon als Kind gelernt. So musste ich Mr. Davidson leider enttäuschen. Er bedauerte unendlich, dass ich misstrauischer Europäer meinte, mich in den USA ohne Pass nicht wohl fühlen zu können. »Gut, rufen Sie mich bitte morgen Vormittag an«, sagte er schließlich und gab mir seine Apparatnummer. »Dann haben wir eine Entscheidung.« Ich bedankte mich – das Hin- und Hergeschiebe hatte schließlich nicht mehr als drei Stunden gedauert.

Den Rest des Tages verbrachten wir in der Stadt der begrünten Kuppen und pastellfarbenen Häuser, die an Pete Seegers »Little Boxes« (kleine Schachteln) erinnerten, der schroffen Steigungen und der sie bezwingenden Standseilbahnen, die hier Cable Cars heißen. Wir streiften durch Chinatown, die größte chinesische Stadt außerhalb Asiens, und sahen das majestätische Rostrot der Golden Gate Bridge, von der sich mehr Selbstmörder in die Tiefe gestürzt haben als von irgendeiner anderen Brücke in der Welt. Wir blickten auf die Oakland Bay Bridge und ahnten in der Ferne das sich von San Mateo zum Haywarder Ufer schwingende dritte Stahlwunder.

Ich hatte schon vorher einen Ausflug nach San Francisco unternommen. So kannte ich manches bereits. Freunde hatten mir das Wohnghetto der Schwarzen und das Chicano-Viertel um die Mission Street gezeigt, wo die sprichwörtliche Schönheit der prächtigen Stadt am Pazifik verblasste und das Elend der Besitzlosen seine breite Spur zog. In der Fillmore Street hatte mich die Krankenschwester Susan Silberman, eine junge Kommunistin, auf Losungen wie »Studiert Marx!« und »Nieder mit den kapitalistischen Slums!« aufmerksam gemacht. Unten am Ozeanstrand war die auf den Beton der Brandungsmauern geschriebene »Warnung vor gefährlicher Unterströmung« durch Streichen und Ergänzen von Worten zu einem Hinweis auf »gefährliche Revolutionäre in den Straßen« verändert worden. So verspottete man Leute, die überall rote Menschenfresser lauern wähnten!

Im Schaufenster eines Friseurs hatte ich – zwischen Perücken und Modellfotos – eine mit Girlanden umrahmte Aufnahme der Angeklagten von San José gesehen, und mehr als einmal war ich auf die Losung »Helft Schwester Angela!« gestoßen. Bei Genossen, die mich in ihre Wohnung einluden, war mir eine Grafik von Käte Kollwitz aufgefallen. Inez Williams, Mutter des Soledad-Bruders Fleeta Drumgo, die hier bei Freunden lebte, hatte uns mit einer pikanten Speise aus Reis, Austern, Geflügel, Krustentieren, Wurst, Tomaten und scharfem Pfeffer bewirtet, die sich Gumbo nennt. Dazu gab es lieblichen kalifornischen Wein aus einem Fünfliterballon.

Doch an jenem 25. April 1972 wanderte ich mit Ken Parker, dem Genossen vom südafrikanischen ANC, ohne Stadtführer durch die Straßen von San Francisco. Natürlich verirrten wir uns. Nur wenige Minuten von den Wolkenkratzern der Sansome Street entfernt gab es »unwegsames Gelände«. Ohne es zu ahnen, waren wir plötzlich an den Rand eines Halbweltviertels geraten. »Total nackt«, »Äußerst nackt«, »Nackter Ringkampf«, überschlugen sich die Angebote auf dem menschlichen Fleischmarkt – mitten in der City. Vor jedem »Etablissement« waren leichtgeschürzte Lockvögel und zugleich als Rausschmeißer eingestellte Anpreiser postiert, die den Auftrag hatten, Passanten für das jeweilige »Vergnügungslokal« zu »interessieren«.

Wir änderten die Richtung. Rund um die Brenham Street war nicht viel Reichtum zu vermuten. Alte Leute saßen einsam auf Bänken und fütterten – wie überall in der Welt – zahm gewordene Vögel. Die Mauer an der Ecke der Straße gegenüber dem kleinen Park war frisch getüncht. Dennoch konnte man die Silhouette eines bewaffneten Freiheitskämpfers und die Losung »Vietnam wird siegen!« unter der neu aufgetragenen Farbe noch klar erkennen. An San Franciscos Holiday Inn – ein gut ausgestattetes Motel – hatte ein Hungriger die Worte geschrieben: »Kein Brot«. Es gab in diesem reichen Land nicht wenige, von denen sie hätten stammen können.

Nach San José zurückgekehrt, rief ich am Morgen des nächsten Tages, wie vereinbart, bei Mr. Davidson an. »Ist alles O.k.?«, erkundigte ich mich. »Bedaure, in Ihrem Fall ist leider nichts zu machen«, sagte eine Stimme, die ich verbindlicher in Erinnerung hatte. »Eine Verlängerung kommt für Sie nicht mehr in Frage.« Ich nahm die Mitteilung zur Kenntnis. Ein telefonischer Protest hätte ohnehin wenig ausgerichtet.

Um gegenüber den etwa hundert Journalisten, die sich zu dieser Zeit noch im Pressebunker des Davis-Prozesses aufhielten, nicht unhöflich zu erscheinen – schließlich konnte man sich nach Monaten des Zusammenseins unter extremen Bedingungen nicht stillschweigend in die Büsche schlagen –, entwarf ich rasch eine kurze Mitteilung und ließ sie in der notwendigen Anzahl vervielfältigen. Stephanie Allan, die als Pressesprecherin der Davis-Verteidigung ständigen Zugang zur Sicherheitszone besaß, lud die Reporter im Namen des NUCFAD für die Mittagspause zu einer kurzen Konferenz in den Hauptraum des Bunkers ein.

Zunächst musste ich der Ordnung halber mit den Beamten des Sheriffsamts sprechen. Da Leutnant Tamm an diesem Morgen nicht erreichbar war, wandte ich mich direkt an die Polizisten im Pressekeller. Ich sei jetzt lange genug in Amerika, und meine Familie habe Sehnsucht nach mir, leitete ich das Gespräch ein. Da ich abzureisen gedächte, wollte ich den »Boys« und »Girls« goodbye sagen. Es sei doch wohl nichts dagegen einzuwenden, wenn ich mittags vor allen eine kurze Rede hielte. Die Polizisten hatten gute Laune und erhoben keine Einwände.

Als zweieinhalb Stunden später etwa achtzig Korrespondenten versammelt und Fernsehkameras wie Rundfunkmikrofone aufgebaut waren, berichtete ich, was man mir aus San Francisco übermittelt hatte. Dabei kommentierte ich die Visa-Verweigerung aus meiner Sicht. Ich nannte sie einen Ausschluss vom Prozess. Die Entscheidung, mich heimzuschicken, sei kein Zeichen von Stärke, meinte ich. Sie spiegele vielmehr eindeutig die Lage im Gerichtssaal wider, die Schwäche der Position des Anklägers, dessen Nervosität und Verwirrtheit. Es gebe für mich keinen Zweifel, dass Mr. Harris seinen Fall nicht nur verlieren werde, sondern dass es überhaupt keinen Fall Angela Davis gebe. Unter diesen Umständen begriffe ich, dass die Anklage und mit ihr verbundene Kräfte nicht daran interessiert seien, unvoreingenommene Berichterstatter, die auf der Seite einer unschuldigen Angeklagten stünden, weiter in San José zu dulden.

Meine Erklärung endete mit den Worten: »Indem ich gegen die mir von bestimmter Seite zuteil gewordene diskriminierende Behandlung protestiere, nutze ich diese letzte Gelegenheit hier in San José, um Angela Davis und jeden, der zum anderen Amerika gehört, der Solidarität von siebzehn Millionen Bürgern der Deutschen Demokratischen Republik zu versichern.«

Ein Blick auf die Hilfssheriffs sagte mir, dass eine bestimmte Schmerzgrenze erreicht war. Ich wollte den Männern für ihr Entgegenkommen nicht Steine in den Weg rollen. So bedankte ich mich ausdrücklich bei den Beamten des Santa Clara County »für ihre Höflichkeit und ihr Verständnis«.

Während mir die wenigen afroamerikanischen Reporterkollegen demonstrativ die Hand schüttelten und andere Journalisten zusätzliche Fragen anzubringen suchten, trennten wir uns am Ende im besten Einvernehmen.

An jenem 26. April – dem 30. Verhandlungstag des Prozesses – folgten Angela, Charlene, Stephanie, Rodney, Vicky und weitere Freunde meiner Dinnereinladung in ein Steakhouse. Mit aromatischem Pflaumenwein aus Japan stießen wir auf kommende Siege an. »Genossen!«, sagte Angela feierlich. »Ich erhebe mein Glas auf die Helden Vietnams, die in diesen Tagen und Stunden auch den Feinden des amerikanischen Volkes Schlag auf Schlag versetzen.«

Natürlich hatten die übrigen Gäste des Lokals längst mitbekommen, wer sich in ihrer Mitte befand. So war eine Provokation nicht auszuschließen. Doch es geschah nichts. Selbst der an anderen Tischen mitgehörte Toast wurde ohne Kommentar hingenommen. Für mich war das ein untrügliches Zeichen dafür, wie sehr die meisten Amerikaner den Aggressionskrieg in Südostasien bereits damals ablehnten.

Am Ende des Dinners bat ich Angela, sie möge die letzte Seite meines Prozesstagebuches schreiben. Es wurde eine lange Eintragung. Sie schloss mit den Worten: »Wir alle lieben das Volk der Deutschen Demokratischen Republik … Unsere Freundschaft ist im Feuer des Klassenkampfes geschmiedet worden. Ihr habt uns die wahre Bedeutung des proletarischen Internationalismus vor Augen geführt. Liebe und Solidarität. Angela«

Wenn ich auch Anfang Mai in die Heimat zurückkehrte, behielt ich doch den Ablauf der Ereignisse in San José weiterhin im Auge. Später gelangte ich in den Besitz authentischer Materialien, die es mir heute ermöglichen, auch über jene Phase des Prozesses zu berichten, die ich persönlich nicht mehr miterlebt habe.

Als Harris seine hundertvier Zeugen und Sachverständigen schließlich durch den Wolf gedreht hatte, ohne dass dabei etwas herausgekommen war, befand sich die Verteidigung in einer schwierigen Situation. Bedurfte es überhaupt einer Entkräftung vermeintlicher Beweise und haltloser Unterstellungen? Und war es zweckmäßig, das ganze Spektrum eigener Gegenbeweise vorzutragen?

Im Davis-Lager war man sich über die Taktik des weiteren Vorgehens zunächst nicht einig. Angela gehörte zu jenen, welche anfangs meinten, man müsse die Tribüne des Gerichtssaals zur totalen Entlarvung des Komplotts und seiner Drahtzieher nutzen. Einige ihrer Freunde widersprachen und vertraten den Standpunkt, eine vielleicht wochenlange Beweisführung des Verteidigerteams könne bei der Jury nur zu der Vorstellung führen, die Angeklagte habe doch etwas zu verbergen. Die Beweislast läge eindeutig beim Ankläger. Nachdem dieser die Beweise schuldig geblieben sei, habe sich die Angelegenheit mehr oder weniger erledigt. Wieder andere schließlich meinten, man dürfe auf keinen Fall zu bestimmten Vorwürfen schweigen, weil das den Eindruck hervorrufen müsse, als wisse man darauf nichts zu erwidern.

Nach gründlicher Debatte – Arnason hatte erneut eine mehrtägige Verhandlungspause eingelegt – einigte man sich darauf, eine abgekürzte, auf das Wesentliche beschränkte Argumentation zu liefern. Die Beweisaufnahme der Verteidigung sollte lediglich zweieinhalb Tage beanspruchen.

Als sich Howard Moore erhob, um anzukündigen, man wolle dem Gericht Zeit ersparen und nur einige der vorgesehenen Zeugen aufbieten, ging ein Seufzer der Erleichterung durch die Reihen der Geschworenen.

Die Verteidigung wies zunächst lückenlos nach, dass Angela an den Tagen um den 7. August 1970 nicht an den vom Staatsanwalt genannten Orten gewesen sei oder auch nur habe sein können. Danach wurde die junge afroamerikanische Kommunistin Tamu, ein sehr attraktives Mädchen, aufgerufen. Sie hatte mit Angela in Los Angeles die Wohnung am 35th Place geteilt, bis diese Mitte Juli dort ausgezogen war, um mehr Ruhe für ihre wissenschaftliche Arbeit zu finden, da das Appartement von den Mitgliedern des Che-Lumumba Clubs der Partei als Zentrum und Versammlungsraum genutzt wurde. Die Zeugin sagte aus, Angela, die einzige regelmäßige Verdienerin unter ihnen, habe für sich und ihre Freunde Waffen gekauft. Man habe sie in einem selbstgefertigten Holzbehältnis aufbewahrt, das auch nach Angelas Umzug dort geblieben sei. Hin und wieder seien sie und ihre Genossen gemeinsam in ein Wüstengebiet bei Los Angeles zu Schießübungen hinausgefahren. Wegen der ständig steigenden Kriminalität hatten das übrigens viele Einwohner der Siebenmillionenstadt getan. Ja, es gab sogar Orte, wo der Bürgermeister, meist mit rassistischem Unterton, den Besitz von Waffen zur Pflicht gemacht hatte.

Tamu bezeugte, dass Jonathan Jackson am Sonntag vor den Geschehnissen von San Rafael in der Wohnung gewesen sei, weil er etwas habe erledigen wollen. Da das Appartement auch als örtliches Hauptquartier der Soledad-Brüder-Kampagne diente, seien dort Schreibmaschinen und Vervielfältigungsgeräte vorhanden gewesen. Angela habe sich zu dieser Zeit in San Francisco befunden. Als sie – Tamu – nach längeren Besorgungen zurückgekehrt sei, habe sie Jackson, zu dem alle volles Vertrauen besaßen, nicht mehr angetroffen. Sie habe keine Veranlassung gesehen, den Waffenschrank zu überprüfen. Erst nach den Geschehnissen von San Rafael, als in Polizeimeldungen von der Bewaffnung der Geiselnehmer die Rede gewesen sei, hätten Angela und Franklin Alexander eiligst das Behältnis kontrolliert. Das Fehlen der Waffen habe deren Besitzerin in Entsetzen gestürzt.

Am zweiten Tag der Anhörung von Zeugen der Verteidigung herrschte im Gerichtssaal eine gespannte Atmosphäre. Zehn oder zwölf Beamte in voller Bewaffnung waren ständig im Raum postiert. Sie starrten in Richtung des kleinen Fensters, das direkt hinter dem Zeugenstand in Augenhöhe die Wandtäfelung unterbrach. Dahinter lag eine winzige Zelle, in der man jene Personen unterzubringen pflegte, welche aus der Haft vorgeführt wurden. Schon am Morgen war auch von den Plätzen der Zuschauer aus schwach wahrzunehmen gewesen, dass sich in dem Käfig eine schwarze Gestalt befand. Gerüchte machten die Runde, wer der Gefangene wohl sei.

FLEETA DRUMGO SAGT AUS

Erst am Nachmittag wurde das Geheimnis gelüftet. Als die Geschworenen nach einer kurzen Pause wieder zur Box zurückkehrten, saß auf dem Zeugenstuhl ein kleiner, schmächtiger Mann von dunkler Hautfarbe. Es war der fast zwei Monate zuvor in San Francisco freigesprochene Soledad-Bruder Fleeta Drumgo. Er lächelte, als die Mitglieder der Jury entsetzt feststellten, dass er sich nicht zu bewegen vermochte. Seine Beine waren aneinandergefesselt, die Handschellen mit einer um die Hüften gelegten Kette zusammengeschlossen. Nur seine rechte Hand war so weit frei, dass er sie für den Eid erheben konnte. Dabei aufzustehen, war er nicht fähig.

Was veranlasste den Staatsanwalt und die Meute der Polizisten zu diesem abscheulichen Spektakel? Warum bedurfte es eines ganzen Rudels Bewaffneter, um einen nach Sklavenart in Eisen gelegten Gefangenen zu bewachen?

Doch Fleeta Drumgo, der Junge aus dem Ghetto, hatte in seinem Leben schon zu viel erlitten, um sich durch die entwürdigende Behandlung noch beeindrucken zu lassen. Sie hatten ihn bringen müssen, weil er als Zeuge der Verteidigung auszusagen entschlossen war. So schien er – selbst in dieser schrecklichen Lage – für Momente ein glücklicher Mensch zu sein. Die Schließer hatten ihn aus San Quentin vorgeführt, wo er die früher gegen ihn verhängte Strafe verbüßte.

Er habe von einer Verschwörung zu seiner und seiner Leidensgefährten Befreiung nichts gewusst, sagte Fleeta aus. Dann bat Leo Branton, der seine ganze Kraft aufbot, um dem Geketteten angesichts der Peiniger Wärme zu geben, Richter Arnason darum, eine Fotokopie des Freispruchs der Soledad-Brüder als Beweismittel zu den Akten zu nehmen. Harris sprang wütend auf. Das Dokument habe nichts mit dem Fall zu tun, stieß er hervor. Branton erwiderte nur: »Sie haben hier die Anklage vorgelesen und behauptet, die ganze Flucht wäre vorbereitet worden, weil die Zeit für diese Männer ablief. Ich möchte sagen, die Zeit für sie lief nicht ab, sie beginnt gerade erst.« Harris zuckte zusammen. Fleeta Drumgo aber strahlte vor Genugtuung.

Mrs. Elsie Gluck war die letzte Zeugin, die die Verteidigung aufbot. Als Exekutivsekretärin der Philosophischen Fakultät der UCLA, an der Angela Davis unterrichtet hatte, machte sie konkrete Angaben darüber, welche Ausmaße die Einschüchterungskampagne gegen die junge Dozentin damals hatte. An der Hochschule sei »eine gewaltige Zunahme von Telefongesprächen« festgestellt worden. In den meisten Fällen habe es sich um Drohanrufe gehandelt. Eine Zeugin legte dem Gericht einen ganzen Stapel von Aktenordnern mit für Angela Davis bestimmter »Hasspost« vor. Die Angeklagte habe diese Briefe – viele von ihnen enthielten Attentatsdrohungen und sadistische Mordankündigungen – selbst gelesen. Als Mrs. Gluck den Zeugenstuhl verließ, erhob sich Leo Branton und sagte: »Die Verteidigung ist abgeschlossen.«

Der Gerichtssaal war überfüllt wie in den ersten Tagen des Prozesses, als Kaliforniens stellvertretender Generalstaatsanwalt sein Plädoyer hielt. Man hatte sogar noch zusätzliche Stühle für besondere »Gäste« hineingestellt. Auch die Frau des Anklägers zeigte sich stolz dem Publikum.

Harris wandte sich nur an die Geschworenen. Sie allein zählten für ihn. Obwohl ihm der Schweiß in Strömen das Gesicht und den Nacken hinunterlief, sprach der »Vertreter des Volkes« unterkühlt. Er versuchte erst gar nicht, die schwachen Punkte seiner Argumentation durch Stimmaufwand oder Wortakrobatik zu überspielen. Es wäre ihm ohnehin nicht gelungen. So gab sich der Ankläger »faktenbetont«. Noch einmal trug er dieselbe Fabel vor, die er bereits am Eröffnungstag des Prozesses strapaziert hatte. Mit einem Unterschied: Es gab eine Reihe von Auslassungen. Einige der Ballons, die Harris hatte steigen lassen, waren offensichtlich geplatzt.

Doch während die Anklage im Prinzip unverändert geblieben war, konnte man das von den Männern und Frauen in der Jurybox nicht sagen. Sie, die zum ersten Mal in ihrem Leben mit Kommunisten – klugen und gebildeten Verfechtern ihrer Sache – »zu tun gehabt« hatten, waren andere geworden.

Mary Timothy hatte einen Schreibblock und zwei Glasfiberstifte in den Gerichtssaal mitgenommen, um all das zu notieren, was ihr während der Beweisaufnahme vielleicht entgangen war. Als Harris mit dem Appell an die Geschworenen endete, Angela Davis in allen drei Punkten der Anklage schuldig zu sprechen, steckte sie ihr Schreibgerät wieder ein, ohne auch nur ein einziges Wort zu Papier gebracht zu haben.

Für die Verteidigung hielt Leo Branton das Hauptplädoyer. »Ich erhebe mich, um vor Ihnen an einem der wichtigsten Tage meines Lebens und des Lebens meiner Klientin zu sprechen«, begann der Anwalt. »Ich erhebe mich als jemand, der vor diesem Gericht tätig ist, als ein Mensch, der einen sehr edlen Beruf ausübt. Doch weit wichtiger als das, ich erhebe mich als ein schwarzer Mann, um Angela – meine schwarze Schwester – zu verteidigen.«

Branton erinnerte die Geschworenen daran, dass sich in ihren Reihen kein Schwarzer befand. Um aber überhaupt begreifen zu können, wer Angela Davis sei, müssten sie wissen, was es im Verlauf der gesamten Geschichte der Vereinigten Staaten bedeutet habe, schwarz zu sein. Und er bat die Mitglieder der Jury, »nur für ein paar Minuten schwarz zu sein und wie Schwarze zu denken«. »Seien Sie unbesorgt«, fügte Leo Branton hinzu, »wenn der Fall vorüber ist, lasse ich Sie in die Sicherheit dessen zurückkehren, was Sie sind.«

Eindringlich schilderte der Anwalt das Martyrium eines Volkes. »Wenn Sie schwarz sind, dann wissen Sie, dass Ihre Ahnen vor dreihundert Jahren auf Sklavenschiffen in Ketten hierher gebracht wurden, wobei nur die Stärksten von ihnen überlebten.« Branton hielt seine hellbraun getönte Hand zum Licht und fuhr fort: »Jedes Mal, wenn Sie die Farbe Ihrer Haut betrachten, wird Ihnen bewusst, dass sie das Ergebnis dessen ist, dass irgendein weißer Mann Ihre Großmutter vergewaltigt hat … Wenn Sie eine Angela Davis sind, die im Süden aufwuchs, dann wissen Sie auch von dem Kampf, der dort geführt wurde, wo jeder, der es nur wagte, sich für die Befreiung schwarzer Menschen auszusprechen, kalten Blutes ermordet wurde. Sie rufen Medgar Evers, den man umbrachte, in Ihr Gedächtnis, Martin Luther King und Malcolm X. Und Sie erinnern sich der vier kleinen Mädchen aus Birmingham in Alabama – Angelas Geburtsstadt –, die in der Kirche waren, einer Kirche, die von Leuten durch Dynamit zerstört wurde, denen nicht gefiel, dass der Prediger von der Gleichheit der Menschen sprach.«

Leo Branton suchte jede Etappe im Leben von Angela Davis nachzuzeichnen. Er zitierte aus der »Hasspost«, die seiner Mandantin zugegangen war, als sie an der Universität gelehrt hatte. »Der Ku-Klux-Klan gab sich nicht mit Richtern und Gerichten ab. Er handelte und stellte erst dann die Fragen … Gott sei Dank sind noch einige davon in Amerika übriggeblieben«, hatte es in einem der Briefe geheißen. »Mach, dass Du aus der

UCLA raus kommst, Du Kommune-Niggerin, sonst schlitzen wir Dir die Kehle auf.«

Branton ließ keinen Zweifel daran, dass Angela Davis, so wie die Dinge lagen, Waffen zu ihrem Schutz gebraucht hatte. Und er zerpflückte die These des Anklägers, die Flucht seiner Mandantin sei ein Eingeständnis ihrer Schuld gewesen. Als er auf deren angebliches Tatmotiv – »unkontrollierbare Leidenschaft« – zu sprechen kam, bat der Verteidiger darum, ausnahmsweise Verse vortragen zu dürfen. Er hatte Angelas Briefe an George Jackson aus Prosa in Poesie verwandelt. Worte, die selbst als schön empfunden worden waren, als sie Harris stammelnd vortrug, wurden nun zum Feuer.

Bevor Leo Branton sein faszinierendes Plädoyer mit der Forderung nach Freispruch in allen Anklagepunkten abschloss, sprach er jeden Geschworenen eindringlich mit Namen an. Auf den Schultern der Jury liege nun die Last der Verantwortung, die bisher andere getragen hätten, sagte er.

ENTSCHEIDENDE STUNDEN

In der Verhandlungsführung hatte sich Arnason als ein fähiger und souveräner Richter gezeigt, der niemals die Fassung verlor und die Situation im Gerichtssaal jederzeit überblickte. Dabei war er bemüht, das zu repräsentieren, was die Justiz – und ganz besonders die amerikanische in der Etappe des Imperialismus – weder sein konnte noch wollte: eine unabhängige Institution der Rechtssprechung. Die bürgerliche Presse hatte Arnason wiederholt das Attribut verliehen, ein liberaler Mann zu sein. Ob er es war, mag dahingestellt bleiben. Ein Harris war er jedenfalls nicht. Bisweilen schien es, als sei der Prozess auch an dem Richter nicht spurlos vorübergegangen.

Am 2. Juni begannen die Geschworenen mit ihren Beratungen. Niemand außerhalb des Raumes, in dem sie tagten, wusste zu dieser Stunde, dass Mary Timothy an ihrem 52. Geburtstag auf Vorschlag Bob Seidels, des Ältesten unter ihnen, mit Zweidrittelmehrheit zur Vorsitzenden des Zwölfergremiums gewählt worden war.

Ebenso unbekannt blieb zunächst auch ein anderes Detail: die Tatsache, dass der Italoamerikaner Nicholas Gaetoni den früheren Marineflieger James Messer als Gegenkandidaten präsentiert hatte. Wie späteren Veröffentlichungen entnommen werden konnte, war Seidel, der als Montageleiter seines Betriebs in Südafrika die Apartheid kennen- und hassengelernt hatte, mit der Begründung für Mary Timothy eingetreten, man müsse diesem »historischen Prozess noch eine Fußnote für die Geschichte hinzufügen und eine Frau als Sprecherin der Jury bestimmen«.

Unterdessen zog vor dem Gerichtsgebäude eine Mahnwache des NUCFAD auf, deren Teilnehmer ihren Posten nicht eher verlassen wollten, als bis der Beschluss der Jury bekanntgegeben sein würde. Und auch während des letzten Aktes im Drama von San José stellten Angelas Gegner ihre Provokationen nicht ein. An demselben 2. Juni, an dem die Juryberatungen begannen, suchten sie einen letzten Coup zu landen.

Angela und einige ihrer Freunde hatten eine Luncheinladung Horst Schäfers, der sich in der Endphase des Prozesses erneut am Ort der Handlung einfand, in das Restaurant »Plateau Seven« angenommen. Die Gruppe hatte das Lokal gerade erst betreten, als Angela von einem Ober ans Telefon gebeten wurde. Der Anruf kam von ihrer Schwester. »Der Richter will dich unbedingt sprechen«, sagte Fania. »Weshalb?«, fragte Angela zurück. Sekunden später war Arnason selbst am Apparat. Er bitte nur um Mitteilung, wo sie sich im Moment befinde, sagte er. Angela gab Auskunft. Mit den Worten: »Bleiben Sie dort. Ich rufe wieder an«, legte der Richter auf. Alle waren verwirrt. Was hatte sich ereignet?

Ein Ober führte die Gäste in einen separaten Raum. Noch bevor sie ihre Bestellung aufgegeben hatten, waren sämtliche Ausgänge des Lokals durch die Kriminalpolizei besetzt. Auch in den Korridoren standen »unauffällige Herren«. Minuten später erschien Leutnant Tamm mit Howard Moore. Auf eine Verkehrsmaschine sei ein Überfall verübt worden, berichtete der Anwalt erregt. Die Luftpiraten verlangten außer dem Lösegeld für die Passagiere, dass ihnen Angela Davis übergeben werde. Der Richter wünsche sofort ein Gespräch.

Angela begab sich unverzüglich zum Gerichtsgebäude. Arnason schilderte ihr dort, was ihm das FBI vor 20 Minuten mitgeteilt hatte. Vier schwarze Männer hätten ein aus Seattle kommendes Flugzeug mit fast hundert Passagieren an Bord in ihre Gewalt gebracht und über Funk verlangt, ihnen bei der Landung der Maschine in San Francisco 500 000 Dollar und fünf Fallschirme auszuhändigen. Angela Davis müsse in einem weißen Kleid am Ende der Rollbahn stehen. Würden ihre Forderungen nicht erfüllt, sprengten sie die DC-9 in die Luft. Arnason erklärte, er setze Angela nicht fest, ersuche sie aber darum, »aus Sicherheitsgründen« bis zum Ende der Affäre im Gerichtssaal zu bleiben.

Erst am Abend klärte sich die von J. Edgar Hoovers Leuten inszenierte Horrorgeschichte auf. Wie sich herausstellte, war Angelas Name bei dem ganzen Zwischenfall überhaupt nicht erwähnt worden. Es gab auch keine Forderung nach Fallschirmen. Nicht einmal vier Luftpiraten waren es gewesen. Offensichtlich hatte es sich um ein Manöver des FBI gehandelt, den Prozessausgang in letzter Minute zu beeinflussen. Wer konnte mit Sicherheit sagen, ob nicht zumindest einer der Geschworenen »rein zufällig« bei der Fahrt zum polizeilich abgeriegelten Übernachtungsmotel irgendwo die Schlagzeile des Abendblatts »San José News« sehen würde, die lautete: »Luftgangster verlangen Angela«?

An diesem Tag gab es nach all der Aufregung auch noch eine freudige Nachricht. Eine an den Richter adressierte Anfrage der Geschworenen war mit »Mary Timothy, Vorsitzende« unterzeichnet worden. Die Verteidigung wertete das als ein gutes Vorzeichen.

Inzwischen wurde in der Jury um die Entscheidung gerungen. Während sich Mary Timothy, Bob Seidel, Rosalie Frederick, Ruth Ann Charlton, Ralph Delange und Luis Franco, aber auch – unerwarteterweise – Nicholas Gaetoni, James Messer und Ann Wade schon bei der ersten von drei Abstimmungen für Freispruch entschieden, bedurfte es noch längerer Diskussionen mit Winona Walker, Stephanie Ryon und Michelle Savage, die nach ihrem Votum weinte, »weil Mister Harris, der es so hart versucht hatte, nun der Verlierer war«.

Wenn die Geschworenen zur Verkündung ihres Spruchs in den Gerichtssaal kämen, müsse man genau auf ihr Mienenspiel achten, hatte Leo Branton aus langjähriger Erfahrung den anderen empfohlen. Als die Jury dann am Vormittag des 4. Juni 1972 in den überfüllten Raum einzog, befolgten Angela und ihre Freunde diesen Hinweis des Anwalts. Dabei erschraken sie fast zu Tode. Auf den Gesichtern der Geschworenen lag ein undurchdringlicher, ja eisig wirkender Ausdruck. Was war, um Gottes willen, geschehen?

Als die Zwölf in den zwei Sesselreihen Platz genommen hatten, übergab Mary Timothy dem Gerichtsdiener die Abstimmungsprotokolle. Dieser reichte sie Arnason. Da alle nur auf die Mimik der Geschworenen achteten, war Angela und ihren Mitstreitern etwas Wichtiges entgangen. Mary Timothy hatte ihre auf der Lehne ruhende rechte Hand zur Faust geballt und den Daumen dabei steil nach oben gerichtet. Das war die alte römische Geste für Freispruch.

Mr. Vanick, der Gerichtsschreiber, verlas die Entscheidung »Menschenraub« – »Nicht schuldig«. »Mord« – »Nicht schuldig«.

Mit den ersten beiden Anklagepunkten war Harris gescheitert. Aber war er es auch mit dem dritten? Auf Verschwörung konnte ebenfalls lebenslanges Zuchthaus stehen. Noch einmal betonte Vanick wie ein geübter Rezitator die entscheidenden Worte: »Nicht schuldig«.

Damit waren die Würfel gefallen. Stöhnen, Schreien, Schluchzen erfüllten den Saal. Angela weinte ungehemmt. Dann brach unter ihren Freunden eine unbeschreibliche Freude aus. Nach schwerem Kampf war der große Sieg, zu dem Millionen Menschen in aller Welt beigetragen hatten, errungen. Der Schauprozess von San José hatte mit der völligen Zerschlagung des so aufwendig in Szene gesetzten Komplotts der Antikommunisten und Rassisten ein Ende gefunden.

Leo Branton sprang auf und spendete – von allen im Saal, die mit der Angeklagten sympathisiert hatten, unterstützt – stürmischen Beifall. Arnason ließ einen Augenblick des Jubels zu. Dann schlug er hart mit dem Hammer auf den Tisch. Er wollte den Gerichtssaal bis zum letzten Augenblick im Griff behalten. So schloss er die Verhandlung korrekt, wie er sie geführt hatte. Die Jury sei entlassen, Angela Davis endgültig frei, die von ihr gestellte Kaution werde zurückerstattet.

Nachdem sich der Richter entfernt hatte, klang erneut Beifall auf. Die Geschworenen verließen den Saal unter Applaus und Hochrufen. »Alle Macht dem Volke!«, ertönte es von den Zuschauerbänken. »Alle Macht der Jury!«, verwandelte Howard Moore die Worte in eine Huldigung an die zwölf Frauen und Männer, die ehrlich geblieben waren. Die Menge griff die Ovation auf.

Während Hunderte, die die frohe Nachricht bereits erhalten hatten, auf der Straße vor dem Gerichtsgebäude sangen und tanzten, begaben sich die Geschworenen zu einer improvisierten Pressekonferenz in den Bunker der Journalisten. Die ersten Fragen waren schon beantwortet, als Angela den fensterlosen Raum betrat. Minuten darauf lagen sich die bisherige Angeklagte, deren Schuldlosigkeit die Jury gerade festgestellt hatte, und ihre zwölf Richter in den Armen. Jene Geschworene, von welcher die Verteidigung zuerst annahm, sie neige den Auffassungen des Anklägers am meisten zu, war die erste, welche die Kommunistin Angela Davis umarmte und küsste. Alle anderen Mitglieder der Jury folgten diesem Beispiel.

Am Abend veranstaltete das NUCFAD mit Freunden, Genossen, Angelas Familienangehörigen und Anwälten eine Gartenparty. Es wurde gesungen und getanzt. Auch die Geschworenen folgten fast ohne Ausnahme der Einladung zu dieser Siegesfeier des anderen, des wahren Amerika, dem sich mancher von ihnen im Verlauf des langen und lehrreichen Prozesses zu nähern begonnen hatte.

Neben Angela stand bei diesem stürmischen Fest der Freude eine keineswegs schöne, eher herb zu nennende Frau im Mittelpunkt der Sympathiebekundungen. Auch Mary Timothy hatte sich – auf ihre Art – als Heldin erwiesen. Erst als die bereits vom Tod Gezeichnete ihre Prozessmemoiren veröffentlichte, erfuhr man, wie tapfer sie im Beratungsraum der Geschworenen für die Wahrheit gestritten hatte.

Als sie 1969 hörte, Angela Davis sei durch die UCLA als Kommunistin »gefeuert« worden, sei ihre Reaktion »milde Verwunderung« darüber gewesen, »dass man die Zugehörigkeit zur KP noch immer als Grund zur Entlassung von einer Universität betrachtete«, schrieb Mary Timothy in »Jury Woman«. »Als die Gerichte dann entschieden, ihre Mitgliedschaft in der Kommunistischen Partei rechtfertige die Entlassung nicht, las ich das und war zufrieden, weil ich die Entscheidung für vernünftig hielt. Als sie dann das zweite Mal unter dem Vorwand nicht berufsgemäßen Verhaltens entlassen wurde, empfand ich, dass der wirkliche Grund ihre kommunistische Parteizugehörigkeit war. Als Bürgerin Kaliforniens war ich empört, dass dieses Scheinargument benutzt wurde, aber der Vorfall war für mich nicht wirklich wichtig.«

Doch dann sei ihr, berichtete die Vorsitzende der Geschworenenjury, ein Erlebnis aus Studientagen ins Gedächtnis gekommen. »1939 wurde ein ausgezeichneter Lehrer in Gesellschaftskunde vom Junior College, das ich besuchte, entlassen, nicht, weil er Kommunist war, sondern weil seine Frau verdächtigt wurde, es zu sein.« Die Studenten hätten daraufhin Plakate gemalt, sich an die Presse gewandt, ein Verteidigungskomitee gebildet und schließlich sogar zum Ausstand aufgerufen. »Der Proteststreik wurde gebrochen, und ich bekam meine Einführung in die Machtpolitik. Als Angela Davis das zweite Mal entlassen wurde, erinnerte ich mich an die Situation 30 Jahre zuvor.«

Seit 1952 sei sie registrierte Wählerin der Demokratischen Partei, bemerkte Mary Timothy im autobiografischen Teil ihres Buches. »In den letzten Jahren, als meine Beunruhigung über den Krieg in Südostasien wuchs, fand ich, dass ich mich mit dem liberalen Flügel der Demokratischen Partei verband. Ich unterstützte die Antikriegsbewegung – aber nur in Gesprächen, durch Unterzeichnung von Petitionen und durch Stimmabgabe für Antikriegskandidaten ... Gesellschaftlich und moralisch war ich recht konservativ. Ich war im kleinstädtischen Mittelklassenmilieu als Katholikin aufgewachsen ...«[10]

Doch Mary Timothy, die von sich sagte, sie habe »niemals zuvor einen lebenden Kommunisten gesehen«, und berichtete, ihr Vater und ihre Brüder seien »allein aufgrund der politischen und sozialen Ansichten Angelas von deren Schuld überzeugt« gewesen, beugte sich keinem Druck. Als nur neun Tage nach Prozessbeginn sechs Herren in dunklen Maßanzügen, mit weißen Hemden und Krawatten – der Uniform des FBI – eine mysteriöse Durchsuchung im Haus ihres als Kriegsgegner bekannten Sohnes John vornahmen, verstand Mrs. Timothy, was gespielt wurde. »Es war ein Wink. Sie wollten mir sagen, dass meine Kinder verwundbar seien«, schrieb sie über diese »Episode«.

In ihrem Buch – einem Bekenntnis zu längst vom Imperialismus hinweggefegten bürgerlich-demokratischen Grundwerten – zog Mary Timothy den Schleier von Amerikas Geschworenensystem weg. »Man sagte uns, wo wir zu sitzen, wann wir zu kommen, was wir nicht zu lesen und worüber wir nicht zu sprechen hätten. Man sagte uns nichts über unsere Rechte. Wir wurden nicht darüber informiert, ob wir uns Notizen machen oder ob wir während der Verhandlung Fragen stellen dürften.

Wir erfuhren auch nicht, welche Handlungen zu unserem Ausschluss führen oder ein Mistrial – ein Scheitern des ganzen Prozesses – zur Folge haben würden.«

In »Jury Woman« entwarf Mary Timothy eine »Bill of Rights« – einen Katalog von Forderungen für Geschworene. Darin stellte sie fest, bislang sei die amerikanische Jury »Manipulation und Druckausübung seitens bestimmter Mächte und Umstände aussetzbar«. Geschworene müssten ein »Recht auf angemessene finanzielle Entschädigung« haben, um eine Situation zu beenden, »in der es sich Arbeiter, Teilbeschäftigte und junge Leute nicht leisten können, einer Jury anzugehören«. Geschworene müssten ein Recht darauf haben, vor Prozessbeginn wenigstens »in die Spielregeln eingeweiht zu werden«. Man dürfe ihnen »ein eigenes, unabhängiges Urteil nicht verwehren«. Gegenwärtig seien Jurymitglieder grundsätzlich mit den beiden großen politischen Parteien der Bourgeoisie verbunden. Das Recht der ethnischen und rassischen Minderheiten auf angemessene Vertretung in Geschworenengremien solle gewährleistet werden. Schließlich müsse man Geschworene vor »direkten und indirekten Drohungen« bewahren.

»Wenn die Polizei mit Billigung des Richters drei Meter hohe Sicherheitszäune errichtet, Massen bewaffneter Posten aufstellt, alle Personen – einschließlich der Geschworenen – bei Betreten der Gerichtszone körperlich durchsucht, dann wird damit … eine Atmosphäre der Furcht und Unterdrückung geschaffen, deren Wirkungen nicht abgeschätzt werden können«,[11] schloss Mary Timothy ihr mutiges, interessantes und programmatisches Buch, dessen zweite Auflage noch kurz vor ihrem Tod erschien.

WEITER AUF KAMPFPOSTEN

Allen, die damals in der ersten Linie des NUCFAD gestanden haben, bin ich in späteren Jahren auf verschiedenen Schauplätzen wieder begegnet.

Mickey Lima sah ich zufällig in Madrid. Auf dem Flughafen Barajas, wo damals noch ganze Rudel der Sicherheitsleute Francos herumlungerten, trug er unbeirrt ein weithin leuchtendes rotes Abzeichen mit Lenins Profil. Der alte Genosse, der aus Prag kam und nach Lissabon reiste, war nicht bereit gewesen, es in dieser unfreundlichen Umgebung von seiner Jacke zu entfernen.

Mit Stephanie Allan, die dann bei einer US-Gewerkschaft arbeitete und Police Commissioner der damals linksverwalteten Stadt Berkeley war, fuhr ich 1975, als Portugals Landproletariat seine Bodenreform vollzog, durch den roten Südbezirk Évora. Wir sahen uns wiederholt in Berlin, zuletzt in den neunziger Jahren.

Charlene Mitchell traf ich im Sommer 1977 auf der Weltkonferenz gegen Rassismus und Apartheid in Lissabon. Drei Jahre später war sie mit ihrem Partner Mike Welch bei uns zu Gast. Am 30. März 1982 berichteten Nachrichtenagenturen aus Washington, die Afroamerikanerin Charlene und der Weiße Mike seien von einem Rassistengericht in Gainesville (Georgia) zu jeweils elf Monaten Gefängnis verurteilt worden. Man hatte sie am 1. Februar festgenommen, als sie sich über rassistische Ausfälle ihren Zug begleitender Detektive der Eisenbahngesellschaft Amtrac beschweren wollten. 1983, als in Washington über zivilrechtliche Schadensersatzforderungen des Ehepaars gegen das Transportunternehmen verhandelt wurde, erklärten sich die Amtrac-Anwälte plötzlich zur Zahlung einer erstaunlichen Summe bereit, was einem Schuldbekenntnis gleichkam.

Schreckliches geschah mit Victoria Mercado – Vicky –, die während des Prozesses für Angelas Sicherheit verantwortlich gewesen war. Am 23. Mai 1982 wurde der inzwischen einunddreißigjährigen Gewerkschaftsführerin im Hafenarbeiterverband der Westküste von einem »vietnamerfahrenen« ehemaligen Fallschirmjägerkorporal durch Pistolenschüsse eine tödliche Kopfverletzung zugefügt. Kurz zuvor waren bereits zwei andere Funktionäre aus Vickys Organisation ermordet worden. Natürlich behandelte das für die Ermittlung zuständige Sheriffsamt des Alameda County die Angelegenheit als gewöhnlichen Kriminalfall. Der Täter wurde später wegen Raubmords verurteilt. Einige Jahre vor ihrem Tod hatte uns Vicky in Berlin besucht.

Angela traf ich des Öfteren wieder – schon im Herbst 1972 bei ihrer triumphalen Fahrt durch die DDR, im darauffolgenden Jahr während der Weltfestspiele und dann, als sie im Spätsommer 1982 für wissenschaftliche Arbeit an der Humboldt-Universität zu Berlin in unser Land kam.

1991 – nach der Niederlage des Sozialismus in Europa – kam es auch in der KP der USA zu internen Auseinandersetzungen über Strategie und Taktik. Neben ideologischen Differenzen spielten persönliche Unverträglichkeiten – wie so manches Mal – sicher eine Rolle. Nach dem Tode Henry Winstons verließen außer zufälligen Wegbegleitern auch Hunderte bewährte Genossinnen und Genossen die nun allein durch Gus Hall geführte Partei. Darunter befanden sich Dr. Herbert Aptheker, Charlene Mitchell, Angela Davis, Stephanie Allan u. a. Etliche von ihnen schlossen sich zunächst den politisch eher unscharf definierten Committees of Correspondence an. Um sie bemühte sich aus Deutschland die PDS.

Anlässlich eines New York-Aufenthalts im Dezember 1992 trafen meine Frau und ich mit dem heutigen KP-Vorsitzenden Sam Webb, aber auch mit Charlene Mitchell zusammen, um uns eine Vorstellung von der entstandenen Lage zu verschaffen.

Angela Davis, der wir bei dieser Gelegenheit nicht begegneten, blieb ungeachtet mancher Veränderungen ihren Grundüberzeugungen treu und brach die Beziehungen zu vielen früheren Kampfgefährten nicht ab. Auf der Rosa-Luxemburg-Konferenz der »jungen Welt« im Januar 2004 erneuerte sie ausdrücklich den Dank an die einstigen Bürger der DDR und alle deutschen Antiimperialisten, die zu ihrer Rettung aus den Händen der US-Klassen- und Rassenjustiz beigetragen hatten. Von der Gesellschaft zum Schutz von Bürgerrecht und Menschenwürde wurde ihr eine besondere Ehrung zuteil: Die Trägerin des DDR-Ordens »Stern der Völkerfreundschaft« erhielt den renommierten Menschenrechtspreis der Organisation. Auf einem Empfang der GBM sahen wir uns nach langen Jahren wieder und spürten sofort die alte Vertrautheit. Unsere Freundschaft hatte die Zeiten überdauert.

Mag am Ende dieses Berichts noch ein besonders aussagekräftiges Detail stehen: Angela Davis, die von der UCLA ausgeschlossene, von Hoovers FBI auf die Meistgesuchtenliste gesetzte und im Schauprozess von San José auf Tod und Leben angeklagte »Revolutionärin«, nahm eine äußerst erfolgreiche wissenschaftliche Laufbahn. »Als Mr. Reagan Gouverneur von Kalifornien war, versprach er, dass ich niemals an einer öffentlichen Institution dieses Staates lehren würde«, sagte sie im September 1981 der New Yorker Tageszeitung »Daily World«. »Tatsächlich unterrichte ich seit fünf Jahren an der San Francisco State University.« Die inzwischen emeritierte, aber nach wie vor rastlos tätige 66-jährige Professorin hielt zuletzt Vorlesungen an der ebenfalls zur UCLA gehörenden Universität Santa Cruz. Ihr Philosophie-Lehrstuhl befasste sich mit »Geschichte des Bewusstseins«.

Übrigens ist Angela Davis, deren Rede bei der Abschlusskundgebung der X. Weltfestspiele im August 1973 auf dem Berliner Marx-Engels-Platz in die Geschichte einging, nach wie vor überall dort zu Hause, wo für den Fortschritt der Menschheit gestritten wird. Wie ich vor nicht allzu langer Zeit einem führenden australischen Blatt entnehmen konnte, genießt sie auch auf dem fünften Kontinent Sympathie und Wertschätzung.

ANMERKUNGEN

1 Nach dem englischen Wort für Grafschaft – einem Kreis vergleichbare Verwaltungseinheit.
2 In sämtlichen Kreisen der USA gibt es Organe unter dieser Bezeichnung, die bei Kapitalverbrechen und anderen schweren Delikten darüber befinden, ob ein gerichtliches Strafverfahren eingeleitet werden soll.
3 Bei großen Prozessen darf die Verteidigung in den USA eine Anzahl von Personen beschäftigen, die als Ermittlungshelfer tätig sind.
4 Mary Timothy, Jury Woman, San Francisco 1975, S. 156.
5 Ebenda, S. 134.
6 Ebenda, S. 85.
7 Ebenda, S. 114.
8 Ebenda, S. 115.
9 Ebenda, S. 140ff.
10 Ebenda, S. 6ff.
11 Ebenda, S. 267ff.

BILDNACHWEIS:

V, XI, XII, XIII © picture-alliance / dpa
XV picture-alliance / Sven Simon
VII, XIV picture-alliance/ ZB
II © Lotti Ortner
XVI © Gabriele Senft

Alle übrigen Fotos stammen aus dem Privatarchiv von Klaus Steiniger.
In einigen Fällen konnten Bildrechteinhaber leider nicht ermittelt werden.
Berechtigte Honoraransprüche bleiben gewahrt.

ISBN 978-3-355-01767-1

1. Auflage

Umschlaggestaltung: Buchgut, Berlin
unter Verwendung eines Fotos von picture-alliance/Sven Simon
Druck und Bindung: CPI Moravia Books GmbH

Ein Verlagsverzeichnis schicken wir Ihnen gern:
Neues Leben Verlagsgesellschaft mbH & Co. KG
Neue Grünstr. 18, 10179 Berlin
Tel. 01805/30 99 99
(0,14 €/Min., Mobil abweichend)

Die Bücher des Verlags Neues Leben
erscheinen in der Eulenspiegel Verlagsgruppe.

www.verlag-neues-leben.de